상큼발랄블링걸스

사춘기 소녀 멘토링

편저 ★ 미러클 걸즈 위원회

코믹컴

♥ 머리말 ♥

공부, 친구 관계, 패션, 메이크업, 사랑…….
즐겁고, 신이 나고, 우울하고, 고민하고…….
소녀들은 매일 많은 일들이 있어서 힘들지요?

"요즘…… 전에 비해 고민이 늘어난 것 같아……."
그런 친구들도 많을 것 같아요.
그것은 당신이 몸도 마음도 성장했다는 증거.

당신이 지금 하고 있는 수많은 고민들.
그런 고민을 하고 있는 건 당신뿐만이 아니니 걱정하지 마세요.
사람마다 차이는 있지만 모두 말하지 않을 뿐,
여러 가지 고민이 있어요.

"당신에게는 아직 일러요."
"너무 신경 쓰지 말아요. 크면 해결되니까."
당신의 고민을 이런 한 마디로 덮지 않을 거예요.
"지금 어떻게 하면 좋을까?", "오늘부터 할 수 있는
일"을 즐겁게, 알기 쉽게, 조금은 진지하게
소개할 거예요.

물론 이 책 한 권으로 모든 고민을 해결할 수 있다고는
생각하지 않아요.
그러나 지금보다 조금 다른 각도에서 고민을 바라볼 수
있는 계기가 될 거예요.

이 책을 읽은 당신이,
어제보다 더 많이 웃게 된다면 기쁘겠어요.

이 책을 읽는 방법

'사춘기 소녀 멘토링'은 크게 두 가지 내용으로 구성되어 있어요.
처음(4월)부터 순서대로 읽어도 되고, 당신의 고민과 같은 달을
먼저 읽어도 상관없어요.

학교를 무대로 한 "대공감 만화"

어느 학교, 어느 반 친구들의 이야기. 학교생활 속에서 여학생들이
느끼곤 하는 고민들을 만화로 그렸어요.

만화 속 등장인물

 이토 미유
 가토 안나
 고바야시 아야노
 사사키 시즈쿠
 사토 마오

 스즈키 린
 세토 히나
 다카하시 마나미
 다나카 리코
 나카무라 나미에
 야마다 니지카

 야마모토 에리나
 요시다 히토미
 와타나베 카논
 마츠모토 유리아 (내가 주인공이야!)

해설 페이지 뒤에 엔드(결말) 만화도 있어요!

선배 & 프로의 "고민 해결 페이지"

초등학생들의 실감 나는 설문 조사, 중학생들의 체험담, 프로의 조언 등
오늘부터 바로 도움이 되는 구체적인 해결 방법을 소개하고 있어요. 이번
기회에 알고 있으면 좋은 내용 또는 한 번 더 생각하기를 원하는 내용도
'소중한 이야기'로 정리해 두었으니 잘 읽어 주세요.

고민 해결 페이지는 필요할 때마다 몇 번이든 읽어 보세요!

사춘기 소녀 멘토링 ♥ 차례

4월 고민 만화 ······ 10

고민 1 아직 친하지 않은 친구와 잘 말하려면?
- 해결 페이지 ······ 20
- 만화 엔딩 ······ 23

고민 2 몸의 성장 속도 차이가 신경 쓰여요.
- 해결 페이지 ······ 24
- 만화 엔딩 ······ 27

5월 고민 만화 ······ 28

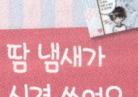

고민 3 멋있게 빨리 달릴 수 있게 되고 싶어요.
- 해결 페이지 ······ 38
- 만화 엔딩 ······ 41

고민 4 땀 냄새가 신경 쓰여요.
- 해결 페이지 ······ 42
- 만화 엔딩 ······ 45

6월 고민 만화 ······ 46

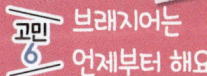

고민 5 장마 때는 헤어스타일이 엉망이 돼요.
- 해결 페이지 ······ 56
- 만화 엔딩 ······ 59

고민 6 브래지어는 언제부터 해요?
- 해결 페이지 ······ 60
- 만화 엔딩 ······ 63

7월 고민 만화 70

고민 7 얼굴이나 몸에 난 털이 신경 쓰여요.
- 해결 페이지 80
- 만화 엔딩 83

고민 8 친구 집에 갔을 때의 매너는?
- 해결 페이지 84
- 만화 엔딩 87

8월 고민 만화 88

고민 9 간단한 네일 아트를 하고 싶어요 ♪
- 해결 페이지 98
- 만화 엔딩 101

고민 10 방 정리를 잘 못해요 …….
- 해결 페이지 102
- 만화 엔딩 105

9월 고민 만화 ...... 106 / 116

고민 11 반에서 인기를 얻고 싶어요!
- 해결 페이지 112
- 만화 엔딩 115

고민 12 더 멋쟁이가 되고 싶어요 ♪
- 해결 페이지 120
- 만화 엔딩 123

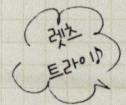 

간단! 헤어스타일 64
귀요미! 방 꾸미기 124

10월 고민 만화 ····· 130

고민 13 다이어트를 해서 날씬해지고 싶어요!
- 해결 페이지 ····· 140
- 만화 엔딩 ····· 143

고민 14 핼러윈 데이 가장을 하고 싶어요★
- 해결 페이지 ····· 144
- 만화 엔딩 ····· 147

11월 고민 만화 ····· 148

고민 15 특기가 없어… 미래의 꿈이 없어…….
- 해결 페이지 ····· 158
- 만화 엔딩 ····· 161

고민 16 방귀나 변비가 신경 쓰여요…….
- 해결 페이지 ····· 162
- 만화 엔딩 ····· 165

12월 고민 만화 ····· 166 / 174

고민 17 더 많이 러블리해지고 싶어요♥
- 해결 페이지 ····· 171
- 만화 엔딩 ····· 174

고민 18 좋아하는 남자아이와 즐겁게 말하려면?
- 해결 페이지 ····· 180
- 만화 엔딩 ····· 183

친구들의 리얼 사랑 이야기 ····· 184
친구들의 리얼 우정 이야기 ····· 248

1월 고민 만화 ······ 194

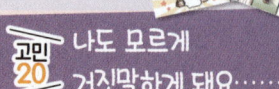

고민 19 용돈이나 세뱃돈을 바로 써 버려요.
- 해결 페이지 ······ 204
- 만화 엔딩 ······ 207

고민 20 나도 모르게 거짓말하게 돼요······.
- 해결 페이지 ······ 208
- 만화 엔딩 ······ 211

2월 고민 만화 ······ 212

고민 21 친구들의 사랑 얘기에 따라갈 수가 없어요······.
- 해결 페이지 ······ 222
- 만화 엔딩 ······ 225

고민 22 겨울에는 피부가 건조해져요······.
- 해결 페이지 ······ 226
- 만화 엔딩 ······ 229

3월 고민 만화 ······ 230

고민 23 가족들이 무조건 안 된다고 해요.
- 해결 페이지 ······ 240

고민 24 노래방에서 노래를 잘 부르고 싶어요.
- 해결 페이지 ······ 243

- 만화 엔딩 ······ 246

친구들의 이것저것 무엇이든 랭킹

운동회 때 좋아하는 종목 ···68   여름 방학에 친구들과 하고 싶은 것 ···128   해 본 적 있는 메이크업 ···192

의 학교생활

학년이 올라가고 반이 바뀌면서 환경이 크게 변하는 시기.
신체검사도 있고 옷도 계절에 맞게 바꿔야 하고……. 휴~ 고민이 많아.

4월

고민 1
아직 친하지 않은 친구와 잘 말하려면?
마츠모토 유리아

고민 2
몸의 성장 속도 차이가 신경 쓰여요.
마츠모토 유리아

5월

고민 3
멋있게 빨리 달릴 수 있게 되고 싶어요.
마츠모토 유리아

고민 4
땀 냄새가 신경 쓰여요.
고바야시 아야노

6월

고민 5
장마 때는 헤어스타일이 엉망이 돼요.
마츠모토 유리아 스즈키 린 세토 히나

고민 6
브래지어는 언제부터 해요?
요시다 히토미 와타나베 카논

아직 친하지 않은 친구와 잘 말하려면?

고민 해결

나는 이 고민을 심리 치료 센터 선생님께 상담했어.

친구들은 어떻게 생각해?

리얼 설문 조사

Q1. 친하지 않은 친구와 즐겁게 말할 수 있나요?

- 네 38%
- 아니요 17%
- 어느 쪽도 아니다 45%

Q2. 반이 바뀔 때 고민이 생기나요?

- 별로 좋아하지 않는 친구랑 같은 반이 되면 '어떻게 하지?' 하고 걱정이 돼요. (초4)
- 친했던 친구도 다른 반이 되면 이야기를 잘 안 하게 돼요. (초6)
- 친한 친구랑 다른 반이 될까 봐 많이 불안해요. (초6)
- 다른 친구들 사이에 쉽게 끼지 못해요. (초6)
- 낯을 많이 가려서 괴로워요. (초6)

소중한 이야기 — 어째서 잘 대화할 수 없을까요?

아직 친하지 않은 친구와 대화를 잘 못 하는 이유는 바로 '불안'. 원래 친한 친구를 상대로는 "대화를 잘할 수 있을까?"라고 생각조차 하지 않죠? 상대방이 어떤 성격인지 잘 모르니까 "친해질 수 있을까? 나를 싫어하지 않을까?" 등 생각이 많아져서 불안해지는 거죠. 그런 마음은 상대방도 마찬가지니까, 불안해하지 말고 자신이 듣고 싶은 말로 마음 편히 말을 걸어 봐요.

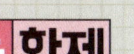

대화의 계기가 되는 화제

가장 긴장되는 것은 첫 마디죠? 어떤 친구든 대답하기 쉬운 화제를 알려 줄게요.
이 화제를 계기로 이야기꽃을 피워 봐요.

고민 1 아직 친하지 않은 친구와 잘 말하려면?

혈액형이나 별자리

혈액형으로 성격 이야기를 하거나 별자리로 생일 이야기를 하면 대화의 폭이 넓어져요. 운세 같은 건 다들 좋아하니까, 많은 대화를 할 수 있을 거예요.

예시
* "●●는 혈액형이 뭐야?"
* "난 쌍둥이자리인데, ●●는 무슨 자리야?"

○○에서 무엇을 좋아해?

'정해진 것 중에서 선택'하게 하는 대화는 그 친구의 성격이나 취향도 알 수 있어서 좋아요. 당신과 상대방이 좋아하는 것이 같다면 더 많은 대화를 할 수 있겠죠?

예시
* "주먹밥 속 재료는 뭘 좋아해?"
* "아이돌 중에서 누구를 좋아해?"
* "만화 등장인물은 누구를 좋아해?"

둘 중 하나를 고르는 질문

"○○과 XX 중에서 어느 쪽을 좋아해?"라는 질문도 상대방이 대답하기 쉬워요. 상대방이 대답하면 "그건 왜?" 하고 자연스럽게 물어 보아요.

예시
* "고양이랑 개 중에서 어느 쪽을 좋아해?"
* "국어랑 수학, 어느 쪽을 잘해?"
* "바다랑 산 중 어디로 가고 싶어?"

상대의 소지품을 칭찬한다

누구든지 자신이 가진 것에 대해 칭찬을 받으면 기쁘죠? 그것이 본인이 아끼는 물건이라면 더 그렇죠! 칭찬해 준 상대에게 호감을 갖게 될 거예요.

예시
* "●●의 필통 너무 귀엽다. 어디서 샀어? 열어 봐도 돼?"
* "그 머리 끈 예쁘네♪"

상대방이 좋아하는 것

상대방이 좋아하는 것(취미나 특기)에 대해 질문해 보세요. 좋아하는 일에 대해서는 얼마든지 이야기할 수 있으니까요.

예시
* "●●는 연애 소설을 좋아하는구나. 추천할 만한 책 있어?"
* "●●는 고양이 키워? 고양이 귀엽지!"

좋아하는 것을 관찰해 보자!

○○는 연애 소설 읽고 있네……

#해 보자! 이야기꽃을 피우는 비결

겨우 말을 걸었는데 바로 대화가 끊기면 슬프죠?
"너와 대화하면 즐거워."라고 상대방이 느끼게 하는 테크닉을 알려 줄게요.

고개를 크게 끄덕인다!

끄덕인다는 것은 "이야기를 잘 듣고 있어요."라는 신호. 이것만으로도
상대방은 자신의 이야기를 들어 준다고 안심해서 편히 말하게 돼요.

상대방의 말을 반복한다!

상대방의 말을 반복하면(특히 기분 부분) 상대방은 "내 기분을 이해해 줬어!"라고
느끼고 당신과 더 이야기하고 싶다고 생각할 거예요.

예시 상대방 "놀이동산에 다녀왔는데, 재미있었어." 당신 "그렇구나. 거기 재밌지~"
상대방 "아까 누가 ●●●라고 해서 충격받았어!" 당신 "정말 충격적이었겠다. 괜찮아?"

상대방의 의견을 부정하지 않는다!

"야, 그건 뭐야? 이상해!", "그건 좀 아닌 것 같은데." 등 상대방의 의견을 부정하는
말을 하면, 상대방은 더 이상 말하기가 싫어지니 주의하세요.

예시 ✗ 상대방 "오오타, 멋있지 않아?" 당신 "뭐? 에이~, 취향이 독특하네."
○ 상대방 "오오타, 멋있지 않아?" 당신 "그래? 오오타 같은 타입을 좋아하는구나!"

〈 여중생 선배의 조언 — 쉬는 시간에 즐길 수 있는 미니 게임 ⌄

🙂 가위바위보. 갑자기 시작하면 의외로 분위기가 고조돼요. (중1)

🙂 '만화 대사 맞추기 퀴즈'. 만화 대사를 말하고 그것이 무슨 만화인지 맞추는 퀴즈. (중1)

🙂 'O× 게임(틱택토)'. 오른쪽 그림처럼 서로 O 또는 ×를 그려서 먼저 라인 하나를 만든 사람이 이기는 게임. 바로 끝나니까 쉬는 시간에 하기 좋아요. (중2)

몸의 성장 속도 차이가 신경 쓰여요

고민 해결

나는 이 고민을 클리닉(병원) 선생님과 생리 용품 회사 분들께 상담했어.

리얼 설문 조사 — 친구들은 어떻게 생각해?

Q1. 체격 차이로 고민해 본 적이 있나요?

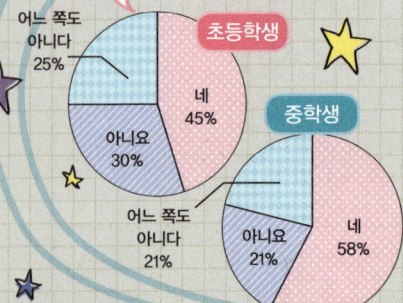

초등학생
- 네 45%
- 아니요 30%
- 어느 쪽도 아니다 25%

중학생
- 네 58%
- 아니요 21%
- 어느 쪽도 아니다 21%

Q2. 어떤 고민이 있어요?

- 키가 작아서 창피해요. (초5)
- 뚱뚱해서 고민이에요. (초6)
- 체중이 다른 친구보다 좀 많이 나가요. (초6)
- 다른 친구들보다 키가 많이 커요. (초6)
- 친구가 나보다 키가 커요. 나는 가슴이 작아서 고민이에요. (초5)
- 같은 반 친구들 사이에서도 성장 차이가 제법 나는 것 같아요. (초6)

소중한 이야기 — 성장 속도는 사람마다 달라요

초등학교 3~4학년쯤부터 키나 몸무게, 가슴 크기 등 조금씩 차이가 나타나요. 성장 속도가 빠른 친구가 있는가 하면 느린 친구도 있지요. 사람마다 성장 속도는 달라도 모두 차차 어른이 될 테니 걱정할 필요는 없어요. 얼굴이나 성격처럼 체격도 제각각 다르므로 남들과 비교해서 고민할 필요는 없어요.

생리는 언제부터 시작해요?

여성은 10~15세가 되면 초경(첫 생리)이 시작돼요. ※초경이 시작되는 평균 나이는 12.24세(±0.93세). '키가 몇, 몸무게가 몇이 되면 생리가 시작된다.'라는 말을 많이 들었겠지만 정확한 것은 없고 사람마다 달라요. 아직 초경이 시작되지 않은 친구들도 16세까지는 시작될 테니 걱정하지 않아도 돼요.

고민 2 — 몸의 성장 속도 차이가 신경 쓰여요

#배워 보자! 생리 용품에 대해 알아보아요

생리 중에 필요한 것들을 확실히 알도록 해요. 모르는 것이나 불안한 일이 있으면 가족이나 학교 양호실 선생님께 물어보는 것이 가장 좋아요.

생리대 종류

생리대는 모양, 크기, 두께(생리혈의 흡수량), 촉감 등의 기준으로 나누어져 있어요.
*생리혈=자궁 내에서 만들어진 내막이 저절로 벗겨지면서 피와 함께 나오는 것.

Day용			Night용	
일자형	날개형	크기의 차이		크기의 차이
		양이 적은 날 — 17.5cm ~ 20cm 양이 보통인 날 — 20cm ~ 23cm 양이 많은 날 — 23cm ~ 25cm	 날개로 팬티에 고정할 수 있고 엉덩이까지 감싸서 피가 새는 걸 방지.	양이 많은 밤 — 26cm ~ 33cm ~ 36cm 양이 특히 많은 밤 — 36cm ~ 42cm
생리대의 기본적 모양.	날개로 팬티에 고정한다.			

• 잠잘 때	'Night용'으로 걱정 없이 잠을 자요.
• 몸을 많이 움직이는 날	'날개형 슬림(두께가 얇음)'이라면 운동 중에도 쉽게 비뚤어지지 않아요. ※ '슬림형'은 '보통형'보다 두께가 반 정도 얇아요.
• 장시간 교체할 수 없는 날	많은 양을 흡수하는 'Day용 대형(양이 많은 날용)'이라면 안심.

위생 팬티

 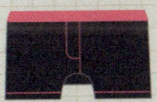

두께가 두껍고, 피가 새도 눈에 띄지 않고 얼룩이 쉽게 지워져요. 주머니가 있는 것, 날개를 넣을 수 있는 것 등도 있어요.

생리대 파우치

손수건

생리대를 넣어 휴대할 때 사용해요. 화장실에 가져갈 때 신경이 쓰인다면 손수건으로 감싸요.

해 보자! 생리 중에도 쾌적하게 지내자!

생리 중에는 몸 상태나 생활 스타일이 변해서 우울해지기 쉽지만
조금만 생각하면 평상시처럼 쾌적하게 지낼 수 있어요!

밥을 제대로 먹는다

생리 중에는 빈혈이 생기기 쉬워요. 그러니 입맛이 없어도 제대로 먹도록 해요. 특히 아침밥은 중요해요. 수프나 된장국 등 몸을 따뜻하게 해 주는 것을 마시면 좋아요.

잠을 충분히 잔다

생리 중에는 '부교감 신경'이라는 신경이 작용해서 낮에도 졸리거나 평상시보다 피로를 느끼기 쉬워요. 그래서 가능한 한 일찍 자도록 하고 몸을 편안하게 하는 것이 좋아요.

배나 하반신을 따뜻하게 한다

생리 중에는 배나 하반신을 차게 하지 않도록 하는 것이 중요해요. 생리통이 있는 친구는 복대나 작은 핫팩으로 통증을 완화할 수 있어요. 생리통이 심한 친구는 어른에게 상담해 봐요.

옷은 생각해서 고른다

생리 중에 입는 옷도 생각해야 해요. 혹시 피가 새더라도 눈에 띄지 않는 검은색이나 갈색, 남색 등 짙은 색의 옷을 선택하면 안심이 돼요. 반대로 핑크색이나 흰색은 피해야 해요.

생리대의 올바른 사용법과 버리는 방법

생리대를 올바르게 사용하지 않으면 피가 새거나 사용 중 불편해지므로 주의하세요. 생리대를 버리는 방법도 매너로써 제대로 알고 있어야 해요.

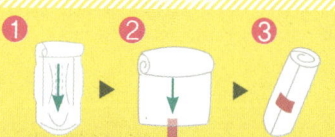

❶ 포장을 벗기고 생리대를 꺼낸다. ❷ 팬티에 붙인다.
※ 날개형의 경우 긴 쪽이 엉덩이 쪽, 일자형은 앞뒤가 없다.
❸ 날개형의 경우 날개를 뒤로 접어 고정한다. ※ 천이 이중으로 되어 있는 위생 팬티의 경우, 날개를 사이에 끼워 넣는다.

❶ 피가 묻어 있는 면을 안쪽으로 해서 돌돌 만다.
❷ 새로 바꿔 쓰는 생리대의 포장지로 감싸서 돌돌 만다. ❸ 테이프로 고정시켜 생리 용품 전용 쓰레기통에 버린다. 절대 변기에 버리지 말 것!

반 친구들

성장 속도에 차이가 있어도 신경 쓰지 않는다라······.

그러고 보니 얼굴이나 성격도 다 다르지.

모두 다 같으면 이상하긴 하지······.

우글우글

으아~

징그러워~!

상상하는 폼은 이런 느낌...

정말...?

내 폼이 그렇게 이상해?

실제 폼은 이런...

쿠웅

유리야, 괜찮아!
나는 항상 이런 점을 생각하면서 달려!

자세 → 머리부터 발끝까지 일직선! 등이 구부러지면 멋있지 않아요.

시선 → 달리는 방향의 약간 아래쪽을 자연스럽게 보는 것이 좋아요.

팔 → 손은 가볍게 쥐고, 끝까지 뒤로 당기듯 흔들어요.

NG!

표정 → 입을 크게 벌리거나 턱을 올리면 힘들어 보이니 주의해야 해요.

다리 → 다리로 삼각형을 만든다고 생각하고 **무릎을 쭉 올려요**.

깨끗한 폼으로 달리면 더 빨리 달릴 수 있게 돼!

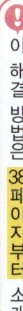

이 해결 방법은 38 페이지부터 소개

목표는 1등!
꼭 이기자!

고마워, 나카무라!

벼, 별로 고마워할 것 없어!

언제든지 선수 교대해 줄 거고!

다음 날

와~

유리아, 대단해!

계주 연습한 후로 더 빨라진 것 같은데?

하아...

운동회 기대된다

북주머니 터뜨리기도 힘내자!

에헤헤.

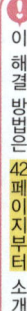

멋있게 빨리 달릴 수 있게 되고 싶어요

고민 해결

유리아의 이 고민은 스포츠 교실의 선생님께 상담했어.

소중한 이야기

누구든지 빨리 달릴 수 있다!

'달리기를 못한다=운동 신경이 없다'라고 굳게 믿고 포기하고 있지는 않은가요? 빨리 달리지 못하는 것은 달릴 때 올바른 자세가 아니기 때문! 초등학생 때에는 운동 능력이 급속히 높아지므로 그동안 못했던 운동도 갑자기 잘할 수 있게 되기도 해요. 올바른 자세를 습득한다면 누구든지 빨리 달릴 수 있어요!

달릴 때의 깔끔한 자세 복습

1 다리를 올리는 방법

왼쪽 무릎을 힘차게 올려 삼각형을 만든다. 오른쪽 무릎을 힘차게 올려 삼각형을 만든다. 다리를 올리는 방법은 이것을 반복하면 돼요. 무릎을 최대한 올려서 삼각형을 만들어요.

2 올곧은 자세

머리부터 발끝까지 곧게 되는 것이 올바른 자세. 꼬챙이에 꿰어 있다고 생각해 봐요. 달리는 모습이 보기 싫은 경우는 안 좋은 자세가 원인.

3 팔을 흔드는 방법

팔은 최대한 뒤로 당겨요. 팔을 흔드는 행동은 아주 중요한 일. 상반신과 하반신은 연동되어 있어, 팔을 올바르게 흔든다면 다리도 자연스럽게 따라와요.

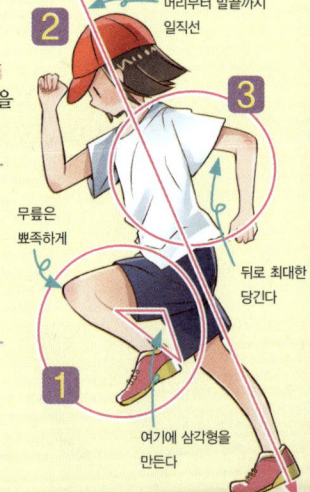

머리부터 발끝까지 일직선

무릎은 뾰족하게

뒤로 최대한 당긴다

여기에 삼각형을 만든다

#해 보자! 폼을 몸에 익히는 연습

처음부터 '다리', '자세', '팔'을 동시에 올바르게 움직인다는 것은 어렵겠죠?
연습을 하나씩 반복해서 몸에 익히도록 해요.

고민 3 — 멋있게 빨리 달릴 수 있게 되고 싶어요

1 다리를 올리는 방법 연습

스텝 1 다리 치켜올리기

포인트
- 벽에 올리는 다리와 반대쪽 손을 대고 삼각형을 의식(무릎 뒤에 테니스공을 끼는 느낌)하면서 다리를 힘차게 올린다.

> 다리 고관절 부분부터 움직인다!

스텝 2 무릎을 올리며 스킵

포인트
- 눈앞에 있는 여러 장으로 겹쳐진 벽을 뾰족하게 한 무릎으로 깨뜨리는 느낌.

> 다리의 삼각형이 자연스럽게 만들어져요!

2 올곧은 자세 연습

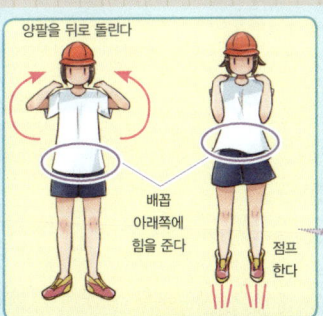

❶ 배꼽 아래에 힘을 주고 선다. 양손을 어깨에 얹는다.
❷ 그대로 양팔을 뒤로 돌리고 팔꿈치가 아래로 내려오는 순간 점프한다.
❸ ❷를 반복하면서 점프할 때 앞으로 조금씩 나아간다.

> 앞으로 나아갈 때 머리부터 꼬챙이를 꿴 것처럼 꼿꼿한 자세를 유지해요.

3 팔 흔드는 법 연습

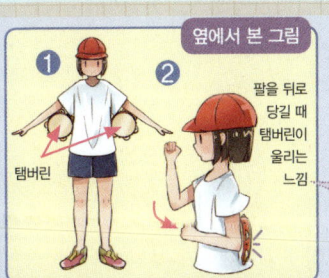

❶ 우선 몸 옆에 탬버린이 붙어 있다고 생각하자.
❷ 구부린 팔꿈치로 탬버린을 때리는 것처럼 팔을 좌우 순서대로 당긴다.

> 팔을 앞으로 내미는 것이 아니라 뒤로 최대한 당긴다!

#해 보자! 이상적인 계주 바통 패스

속도를 늦추지 않고 물 흐르듯 바통을 패스할 수 있는지가 포인트!
'바통을 잡는 방법'이나 '받는 손'의 모양이 아주 중요한 포인트가 돼요!

※ 학교 선생님이 가르쳐 주시는 방법과 다를 경우 선생님과 상의하세요.

1 대기한다.

달리기 준비 자세 그대로 머리만 뒤를 본다.

슬슬 오나….

다음 주자가 달리기 시작할 신호가 되는 라인을 미리 정해 둔다.

다음 주자 / 주자

2 달리기 시작한다.

주자가 정해둔 라인까지 온 순간 달리기 시작한다. 이제 뒤는 보지 않는다.

주자는 속도를 늦추지 않고 그대로 달린다.

3 손을 뻗는다.

"자!" 하는 소리가 들리면 왼손을 뒤로 뻗는다.

엄지손가락을 아래로 향하게 하고 그 형태를 그대로 유지한다.

자!

다음 주자가 달리기 시작한 것을 확인하면 "자!" 하고 말을 건다.

4 받는다.

바통이 손을 눌렀을 때 그대로 잡는다.

다음 주자의 손바닥에 바통을 꾹 밀어 넣는다.

바통을 잡는 손

엄지손가락을 앞으로 향하게 한다는 느낌으로 잡는다.

5 잡는 손을 바꾼다.

왼손으로 받은 바통을 오른손으로 바꿔 잡는다.

40

땀 냄새가 신경 쓰여요

고민 해결

나는 이 고민을 클리닉(병원) 선생님께 상담했어.

리얼 설문 조사 — 친구들은 어떻게 생각해?

Q1. 여름에 땀의 양이나 냄새를 신경 쓰나요?

- 네 46%
- 아니요 42%
- 어느 쪽도 아니다 12%

Q2. 어떤 일에 신경이 쓰이나요?

- 땀 때문에 친구들이 냄새난다고 할까 봐 걱정이 돼요. (초5)
- 체육복이 땀에 젖어요. (초6)
- 땀 냄새가 나는 것 같아서 겨드랑이를 만지고 냄새를 맡아요. (초6)
- 신발 속에서 양말이 흠뻑 젖어 있어요. 냄새가 날 것 같은데…. (초6)
- 겨드랑이에서 땀이 많이 나요. (초6)

소중한 이야기 — 땀이란?

땀은 체온을 조절하기 위해 나는 것. 더울 때나 운동을 할 때 체온이 올라가요. 체온이 올라간 채 그대로 있으면 몸의 기능이 엉망이 되기 때문에 뇌가 명령해서 땀을 나게 하고 체온을 내려가게 하는 거예요. (땀이 증발할 때 체온이 내려가요.) '체온을 조절하기 위한 땀' 외에도 긴장하거나 놀랐을 때 나는 땀(식은땀)이나, 매운 음식을 먹었을 때 나는 땀 등이 있는데 이러한 땀의 구조는 아직 잘 모른다고 하네요.

땀의 양과 냄새

난 지 얼마 안 된 땀은 냄새가 안 난다!

실은 난 지 얼마 안 되는 땀에는 냄새가 없어요. 하지만 땀이 났는데 그대로 두면 땀이나 피부의 먼지를 피부에 붙어 있는 균이 분해하기 시작해요. 이때 안 좋은 냄새가 나는 거죠. 또, 채소를 먹지 않고 육류나 패스트푸드를 자주 먹게 되면 땀 속에 포함된 피지 성분이 많아져 악취가 심해진다고 해요.

땀이 나는 것은 아주 좋은 일!

땀은 인체에 있어서 아주 중요한 것. 체온을 조절하는 땀이 나지 않는다면 열중증이 생기기 쉬워지죠. 평상시에 운동이나 목욕으로 땀을 많이 내는 습관을 길러요. 이 습관으로 인해 땀샘(땀이 나는 부분)이 발달해요. 땀샘이 발달되면 냄새나는 나쁜 땀이 나오지 않는다고 해요. 그래서 땀이 난다는 것은 좋은 거지요!

고민 4 땀 냄새가 신경 쓰여요

 #해 보자!

땀 냄새 케어 — 생활 편

필요 이상으로 땀 냄새에 대해 신경 쓸 필요는 없어요.
매일 생활 속에서 이 두 가지를 지킨다면 냄새는 나지 않아요!

매일 몸을 씻자!

사람은 하루에 많은 땀을 흘려요. 그래서 그날그날 깨끗이 해야 해요. 바디 소프를 사용해서 구석구석 깨끗하게 씻어요. 씻기 어려운 이러한 부분들도 신경 써 주세요.

청결한 옷과 속옷을!

몸을 깨끗이 씻어도 땀을 많이 흡수해서 냄새나는 속옷이나 옷을 입는다면 아무 의미가 없지요. 매일 청결한 옷으로 갈아입어요. 목욕 수건도 마찬가지예요.

- 목
- 귀 뒷면
- 겨드랑이
- 무릎 뒤
- 발바닥
- 발가락 사이

신발에도 땀 냄새는 남아요.
2주에 한 번은 깨끗이 빨도록!
실내화도 같이요.

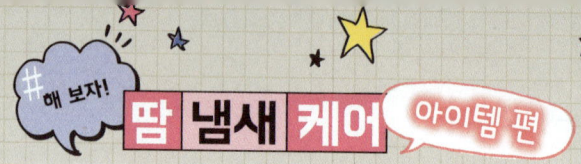

해 보자! 땀 냄새 케어 아이템 편

학교에서도 하루 종일 땀 냄새를 신경 쓰지 않고 지내고 싶다면, 아침 등교 전에 '데오도런트(냄새 제거제)'를 사용해 봐요. 제품에 따라 특징이 있어요.

데오도런트 아이템의 차이

스프레이 타입

○ 몸의 넓은 범위에 간편하게 사용할 수 있다.

△ 땀으로 지워져서 효과가 장시간 지속되지 않는다.

사용 방법

피부로부터 15cm 정도 떨어진 곳에서!

❶ 땀을 젖은 수건으로 닦는다.
❷ 스프레이 캔을 위아래로 4~5회 흔든다.
❸ 피부로부터 떨어진 곳에서 뿌린다. 한 군데당 3초 이내로.

시트 타입

○ 몸의 어디에나 사용할 수 있고 땀을 닦아 낸다.

△ 냄새 방지 효과는 크지 않다.

사용 방법

땀을 부드럽게 닦는다!

땀이 신경 쓰이는 부분을 부드럽게 닦는다. 한 번 사용한 것은 다시 사용하지 말고 버리자. 외출할 때 휴대하면 편리하다.

스틱 타입

○ 땀이 나도 쉽게 지워지지 않고 종일 효과가 지속된다.

✕ 겨드랑이 전용이므로 다른 부위에는 사용할 수 없다.

사용 방법

약간의 힘을 주고 바르자!

❶ 땀을 젖은 수건으로 닦는다.
❷ 겨드랑이 부분에 위에서 아래로 스틱 끝부분으로 발라 주자. 너무 힘을 주면 피부에 자극이 되기 때문에 주의해야 한다.

학교에서는 어떻게 냄새를 케어할까요?

'학교에서도 데오도런트 아이템을 사용하고 싶다!'고 생각하는 당신. 학교로 가져가도 되는지 제대로 확인해야 해요. 데오도런트 아이템이 없어도 땀이 난 등교 후나 체육 수업 후, 물에 적신 손수건이나 작은 수건으로 겨드랑이에 난 땀을 부드럽게 닦아 준다면 냄새 케어 OK!

※ 땀을 닦은 손수건은 바로 빠는 것이 좋아요.

요즘 체육 시간에 젖꼭지 부분이 따갑기는 한데…….

소곤 소곤

누가 브래지어를 하고 있는가 하는 이야기도 했대!

남자들이 그런 이야기를 한다니…….

설마 아까…….

사이토를 찾아서 사과하게 해야지!

앗

설마 가슴을?

브래지어는 아직 필요 없겠지?

그리고 왠지 브래지어는 창피해…….

반에서도 하고 있는 애들이 많긴 하지만

나는 아직 가슴이 납작하고…

엥?

와아!

쟤 가슴 크지 않아?

이 해결 방법은 60페이지부터 소개

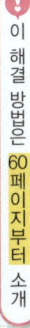

장마 때는 헤어스타일이 엉망이 돼요

고민 해결

우리의 이 고민은 헤어스타일리스트분께 상담했어.

리얼 설문 조사 — 친구들은 어떻게 생각해?

Q1

장마 때 헤어스타일이 엉망이 되나요?

초등학생
- 네 17%
- 아니요 70%
- 어느 쪽도 아니다 13%

중학생 쪽이 헤어스타일에 신경 쓰는 사람이 더 많은 걸까?

중학생
- 네 62%
- 아니요 25%
- 어느 쪽도 아니다 13%

Q2

망가진 헤어스타일은 어떻게 하나요?

- 머리를 잘라요. 나머지는 헤어스타일링제를 발라요. (중3)
- 빗을 학교로 가져가서 빗질해요. (중1)
- 아침은 시간이 없어서 빗질하고 한 갈래로 묶어요. (중1)
- 머리를 땋거나 올림머리를 해요. (중2)
- 하여간 묶어요. (중1)
- 학교 가기 전에 헤어스프레이를 뿌려서 헤어스타일을 유지해요. (중2)
- 뜨거운 물에 적신 수건으로 튀어나온 머리 부분을 눌러요. (중1)
- 헤어크림이나 고데기를 쓰거나 물에 적셔서 한 갈래로 묶어요. (중1)

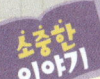 **소중한 이야기** 장마 때는 왜 헤어스타일이 엉망이 될까요?

헤어스타일이 엉망이 되는 것은 습기(공기 중의 수분)가 원인이에요. 장마철은 다른 때에 비해 습기가 많고 머리카락 속의 수분량도 많아져요. 그래서 머리카락이 꾸불꾸불해지거나 퍼지거나 눌러서 납작해지거나 하는 거예요. 특히 상한 머리카락은 벗겨진 머리카락 표면에서 영양이 빠져나가고 속으로 수분이 들어가기 때문에 더 엉망이 되기 쉬워요.

수분이 들어간다.
건강한 머리 / 상한 머리

고민 5 장마 때는 헤어스타일이 엉망이 돼요

#공부합시다! **머리카락을 상하게 하는 나쁜 습관**

헤어스타일을 예쁘게 하려면 머리카락이 상하지 않게 하는 것도 중요.
아래의 6가지는 머리카락을 상하게 하는 나쁜 행동. 이렇게 하고 있다면 이제 그만!

✗ 젖은 채로 수면

젖은 머리가 베개나 수건과 마찰되며 상하고 냄새가 나는 원인이 돼요.

짧은 머리라도 잘 말려야 해요.

✗ 젖은 머리에 빗질

머리카락끼리 마찰하면서 상해요. 빗질은 머리를 말린 다음에.

드라이 다음 빗질을!

✗ 드라이어의 열

머리카락은 80% 정도 말리면 OK. 더 말리거나 머리카락 가까이에서 사용하는 것은 NG!

드라이는 머리에서 20cm 정도 떨어진 곳에서!

✗ 얽힌 머리에 빗질

뿌리 부분부터 힘으로 풀려고 하면 안 돼요. 머리카락 끝부터 부드럽게 빗어 주세요.

심하게 얽혔을 때는 그 부분만 샴푸로 감아요.

✗ 수건 문지르기

한쪽씩 수건으로 감싸고 가볍게 두드려서 수분을 빼 주세요.

수건에 껴서 팡팡 두드려요!

✗ 자외선 손상

머리카락은 자외선으로 인해 손상돼요. 장시간 밖에 있을 때는 모자를 쓰면 좋아요.

머리카락도 햇볕에 타서 상한다는 것을 기억해요.

#해 보자! 헤어 타입별 해결 방법

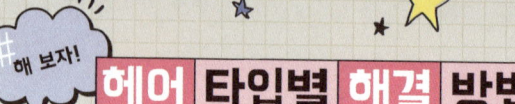

'장마 때는 헤어가 엉망이 되니 포기하자…….'라고 하면 슬프죠.
타입별로 해결 방법을 알려 드릴게요.

꼬불꼬불 & 삐죽삐죽

헤어가 꼬불꼬불해지거나 뻗치는 경우,
펴 주는 것이 해결책. 평상시 드라이할 때도 시도해 봐요.

아침 특효 해결책

① 신경 쓰이는 부분에 뿌리 부분부터 10cm 정도만 분무기로 물을 뿌린다.
② 적신 부분을 잡고 위로 잡아당기면서, 머리카락을 펴듯이 드라이어로 말린 다음 마무리는 냉풍으로.

퍼지는 머리카락

퍼지는 헤어는 윤기가 답.
드라이하기 전 케어를 하는 습관을 들이세요.

목욕 후 해결책

헤어 오일

① 머리를 감은 후 수건으로 물기를 닦는다.
② 헤어 오일(드러그스토어에서 살 수 있어요.)의 펌프를 1~2번 눌러 머리카락에 골고루 발라 준 후, 드라이어로 말린다.

납작한 머리카락

납작해진 헤어는 볼륨이 해결책.
가느다란 헤어롤을 사용해요.

아침 특효 해결책

화살표 방향으로 헤어롤을 말아요.

① 앞머리 전체를 적신다.
② 가느다란 헤어롤로 앞머리를 아래 방향으로 만다.
③ 드라이어로 말린 후 바로 헤어롤을 뺀다. (그대로 놔두면 컬이 너무 강해져요.)

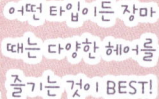
어떤 타입이든 장마 때는 다양한 헤어를 즐기는 것이 BEST!

간단한 헤어스타일은 64쪽부터 소개하고 있어요!

고민 해결 브래지어는 언제부터 해요?

우리의 이 고민은 속옷 회사 직원분께 상담했어.

리얼 설문 조사

친구들은 어떻게 생각해?

Q1. 가슴 보호 속옷을 착용하나요?

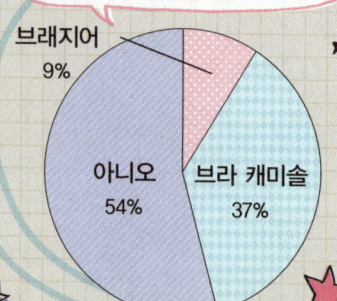

- 브래지어 9%
- 아니오 54%
- 브라 캐미솔 37%

Q2. 브래지어를 하게 된 계기는?

- 엄마가 "사 볼래?"라고 해서요. (초6)
- 친구들이 다 하고 있어서요. (초6)
- 가슴이 나오기 시작해서요. (초6)
- 몸의 성장에 관한 책을 읽고 제가 엄마에게 상의했어요. (초6)
- 언니가 줘서요. (초5)
- 아직 가슴이 나온 건 아니지만 곧 6학년이 되니까요. (초5)

소중한 이야기

브래지어는 꼭 필요해?

가슴은 초경이 시작하기 1년 전쯤부터 나오기 시작해요. 브래지어 등 가슴을 보호하는 속옷은 성장기의 예민한 가슴을 보호하는 데에 꼭 필요해요. 가슴 끝이 옷과 마찰되어 상처가 나거나 가슴이 흔들려서 불쾌해지는 것을 막아 줘요. 언제부터 하기 시작하는지는 정해진 것이 없으니 신경이 쓰인다면 착용하도록 해요.

나에게 맞는 속옷을 알자

'나에게 맞는 속옷'을 잘 알지 못하는 친구들이 더 많을 거예요.
내 가슴의 성장 상태에 맞는 제대로 된 속옷을 사용하도록 해요.

가슴의 성장 단계와 맞는 속옷

고민 6 브래지어는 언제부터 해요?

초경 1년 이상 전
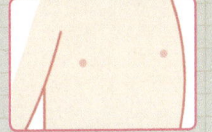
- 가슴 끝이 나와 있다.
- 가슴 끝이 따끔거린다.
- 얇은 옷 한 장만 입었을 때 가슴 끝이 비쳐서 신경이 쓰인다.

가슴 끝부분을 부드럽게 커버해 주는 속옷을 선택.

브라 캐미솔   스포츠 브라

초경이 시작할 때쯤

- 몸과 가슴의 경계선이 보인다.
- 옷을 입어도 가슴이 나온 느낌.
- 격한 운동을 했을 때 가슴 끝이 스쳐서 아프다.

가슴 압박 없이 부드럽게 감싸 주는 브래지어를 선택.

패드가 있고 와이어는 없는 브래지어

초경부터 1~3년 후
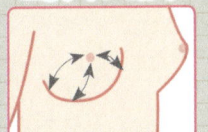
- 어른들의 가슴처럼 둥근 모양.
- 부풀었지만 아직 딱딱하다.
- 격한 운동은 가슴이 흔들리는 게 신경 쓰여서 하기 어렵다.

딱딱하게 부푼 가슴을 부드럽게 받쳐 주는 브래지어를 선택.

패드가 있고 와이어가 있는 브래지어

브래지어의 사이즈는?

몸에 맞는 브래지어를 고르는 것은 중요한 일.
사이즈는 가족이나 가게 직원에게 재 달라고 부탁해요.

브래지어 사이즈는 이렇게 표시되어 있어요.

A65   **A65** ※ 언더 바스트가 65cm인 A컵이라는 뜻.
컵 사이즈   언더 바스트 사이즈

| 컵 사이즈 | = | 탑 바스트 사이즈 | − | 언더 바스트 사이즈 |

차이가 9.0~11.0cm	A컵	차이가 11.5~13.5cm	B컵
차이가 14.0~16.0cm	C컵	차이가 16.5~18.5cm	D컵

사이즈 재는 법

탑 바스트 — 가슴이 가장 높은 부분
언더 바스트 — 가슴이 나온 바로 아래

측정한 언더 바스트 사이즈	=	브래지어의 언더 바스트 사이즈
62.5~67.5cm	→	65
67.5~72.5cm	→	70
72.5~77.5cm	→	75
77.5~82.5cm	→	80

탑과 언더의 차이가 10cm 미만인 사람은 탑 바스트의 숫자로 사이즈를 고른다.

탑 바스트	사이즈
65~73cm →	2S
72~80cm →	S
79~87cm →	M

여자 선배에게 물어보는 것이 좋아요!

몸의 변화가 느껴져도 가족에게 상의하지 못하거나 맞지 않는 브래지어를 계속 쓰는 친구들도 많은 것 같아요. 가족도 예전에는 당신과 같은 고민을 했을 테니 그 마음을 이해해 주고 여자 선배로서 조언해 줄 거예요. 잘 얘기해서 가슴 보호 속옷을 함께 사러 가세요. 브래지어를 올바르게 착용하는 방법도 같이 알아 두세요.

브래지어 착용 방법

 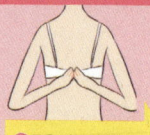

❶ 어깨끈 안으로 양팔을 넣은 후, 몸을 조금 앞으로 숙여서 양쪽 가슴을 패드 안으로 잘 넣는다.

❷ 몸을 펴고 양손으로 뒤쪽에 있는 후크를 잠근다. 어깨끈이 내려오지 않도록 길이를 조절한다.

여중생 선배의 조언 — 브래지어가 비치지 않게 하려면?

- 😊 브래지어 위로 캐미솔을 입으면 브래지어 모양이 안 보이게 돼요! (중3)
- 😊 여름에는 티셔츠 위로 셔츠를 겹쳐서 입었어요! (중3)
- 😊 티셔츠라도 약간 두꺼운 것을 입으면 잘 비치지 않아요. (중3)

여중생 선배의 조언 — 브래지어에 대해 놀리는 남학생이 있다면?

- 😊 '여자였다면 너도 했을 거잖아!'라고 해요. (중1)
- 😊 그냥 놔두든지 무시하는 것이 좋아요. (중1)
- 😊 분위기가 싸하다는 것을 표정으로 전달하고 불쾌하다는 것을 이해시켜요. (중2)
- 😊 여자 여럿이 모여서 "우리는 어른이지만 너희들은 아직 애기니까 놀리는 것도 어쩔 수 없네~." 하고 웃으면서 말해요. (중1)

간단! 헤어스타일

렛츠 트라이

장마 때 엉망이 된 머리는 헤어 핀이나 고무줄로 가볍게 꾸며요.
손재주가 없는 친구들도 할 수 있는 간단한 헤어스타일만 모았어요!

간단 1 앞머리 스타일 컬렉션

숏, 미디엄, 롱……. 어떤 머리 길이라도 할 수 있어요!

야자수 묶기

앞머리를 남기지 말고 다 잡고서 뿌리 부분을 머리끈으로 묶기만 하면 끝! 묶은 머리의 끝을 좌우로 나누면 발랄한 분위기 연출. 곱창 밴드로 묶어도 OK!

머리 끈

나도 이 머리야!

지그재그 가르마

❶ 앞머리를 빗으로 뒤쪽으로 넘겨요.
❷ 뒷머리부터 이마 쪽으로 빗 끝을 사용해서 좌우로 움직여 주면서 지그재그 가르마를 만들어요.
❸ 양쪽 머리를 핀으로 고정하면 완성♪

헤어 핀, 빗

아래로 컬

❶ 앞머리를 8:2로 나눠요. 더 많은 쪽 앞머리를 양손으로 잡고 아래를 향해 돌돌 말면서 귀 쪽으로 비틀어요.
❷ 비튼 머리카락 끝을 귀 뒤쪽에서 핀으로 고정하면 완성♪

헤어 핀

옆으로 컬

❶ 가운데로 나눈 앞머리에 옆머리를 조금 합쳐서, 위를 향해 양손으로 돌돌 말면서 귀 쪽으로 비틀어요.
❷ 비튼 머리카락 끝을 머리 뒤쪽에서 핀으로 고정하면 완성. 양쪽에서 똑같이 해요!

헤어 핀

헤어 핀

위로 컬

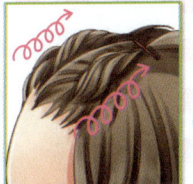

발랄하고 귀여운 스타일로!

1. 머리카락은 중앙에서 나눠요. 오른쪽과 왼쪽 각각 머리카락을 잡고 위로 향해 꼬아서, 가르마와 평행이 되도록 뒤쪽으로 넘겨요.
2. 머리 꼭대기 부분에서 핀으로 고정하면 완성♪ 똑바로 뒤쪽으로 향해 꼬는 것이 포인트!

올린 앞머리

볼록하게 볼륨을 만들어요!

헤어 핀

1. 앞머리를 모두 잡고 뿌리 부분을 한 번 세게 꼬아요.
2. 꼰 부분을 앞으로 밀어내고 볼륨을 만들어요.
3. 잡은 부분을 핀으로 고정하면 완성.

그냥 해 본 앞머리

앞머리가 없는 애도 OK!

머리 끈, 헤어밴드

1. 앞머리와 앞머리 바로 뒤에 있는 머리를 한꺼번에 잡고 뿌리 부분을 머리끈으로 묶어요.
2. 묶은 머리를 이마 쪽으로 접어요.
3. 묶은 자리를 헤어밴드로 가리고 머리 끝부분을 정리하면 완성!

미니 뿔 스타일

간단한데 엄청 귀여워♪

가느다란 고무줄

1. 가느다란 고무줄을 써서 적은 양의 머리를 양 갈래로 묶어요.
2. 고무줄로 묶을 때 맨 마지막에는 머리를 다 통과시키지 말고 링을 만들어요. 이것이 뿔이 돼요.

간단 2 땋은 머리 스타일 컬렉션

누구든 할 수 있는 땋은 머리도 스타일 업을 하면 아주 귀여워요!

가느다란 고무줄

느슨하게 땋은 머리

❶ 머리를 땋아요. 평상시보다 끝부분을 길게 남긴 채 땋은 머리를 묶어요. ❷ 그림의 화살표처럼 위쪽부터 순서대로 좌우로 머리를 당겨 빼면서 느슨하게 하면 완성♪

가느다란 고무줄이 더 예뻐요♪

땋은 도넛 머리

머리 끈, 장식이 있는 머리 끈

곱창 밴드를 착용하면 잘 가려져요!

❶ 머리를 양 갈래로 나눠 최대한 촘촘히 머리를 땋아요. ❷ 머리 끝부분을 올려서 링을 만들고 장식이 있는 머리 끈으로 묶은 자리를 가리면 완성♪

땋은 머리 하프 업

부드러운 분위기가 돋보이는 헤어 스타일

❶ 앞머리 옆에 있는 머리를 가느다랗게 땋아요. 좌우 양쪽으로 해요. ❷ 땋은 머리를 뒤로 돌려서 중앙에서 하나로 묶어요.

가느다란 고무줄

땋은 머리 헤어밴드

공주님이 된 기분이에요♪

❶ 귀 옆에서 묶은 머리를 촘촘히 땋아요. ❷ 좌우로 땋은 머리의 끝부분을 머리 꼭대기로 올려 핀으로 고정하면 완성.

가느다란 고무줄, 헤어 핀

머리 끈

더블 땋은 머리

이 세 갈래로 한 번 더 땋아요!

머리가 긴 친구는 꼭 도전해 봐요!

① 머리를 세 갈래로 나누어 느슨하게 땋아요.
② 세 개의 땋은 머리로 다시 머리를 땋아요.

빅 뿔 스타일

임팩트가 큰 뿔이 완성!

머리 끈, 곱창 밴드

① 좌우로 높게 묶은 머리를 촘촘히 땋아요. ②③ 뿔 크기를 정해 땋은 머리를 접고 남은 머리는 뿌리 부분에 둘러 감아요. 곱창 밴드로 고정해요!

+플러스 테크닉!

헤어 핀으로 센스 업!!

바코드

4개

헤어 핀을 같은 간격으로 정렬해서 꽂기만 하면 돼요!

트라이앵글

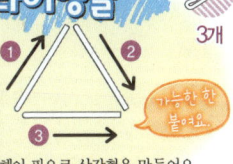

3개

가느한 한 붙여요

헤어 핀으로 삼각형을 만들어요. 핀과 핀을 맞붙게 해요.

스타

5개

그림의 순서대로 핀을 꽂아요. 핀과 핀이 맞붙게 하면 더 좋아요.

별표

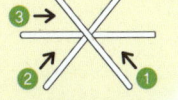

3개

※표로 꽂은 핀 가운데로 옆으로 핀을 꽂으면 완성♪

친구들의 이것저것 무엇이든 랭킹

운동회 때 좋아하는 종목은?

운동을 잘해도 못해도 즐거운 운동회♪ 친구들에게 좋아하는 종목을 물어 봤어요!

- 1위 단거리 달리기
- 1위 계주
- 3위 줄다리기
- 4위 댄스
- 5위 조립 체조
- 6위 공 넣기

그 외에도 '큰 공 굴리기', '기마전'이라는 의견도 있었어!

역시 달리는 종목은 인기가 많아~. 달리는 친구도 응원하는 친구도 힘이 들어가지!

모두 함께 노력하는 게 좋지. 점심시간 도시락도 맛있어!

7·8·9월의 학교생활

여름 방학에는 평상시와 다른 일에 도전하고 싶어지지?
방학이 끝나고 2학기가 되면 반 분위기에 익숙해진 만큼 또 새로운 고민이……

7월

고민 7
얼굴이나 몸에 난 털이 신경 쓰여요.

다나카 리코 / 사토 마오

고민 8
친구 집에 갔을 때의 매너는?

다나카 리코 / 사토 마오

8월

고민 9
간단한 네일 아트를 하고 싶어요 ♪

마츠모토 유리아 / 이토 미유 / 와타나베 카논

고민 10
방 정리를 잘 못해요……

스즈키 린

9월

고민 11
반에서 인기를 얻고 싶어요!

나카무라 나미에

고민 12
더 멋쟁이가 되고 싶어요 ♪

나카무라 나미에

리코가 고민하는 얼굴과 몸의 털…

구레나룻 아래쪽
솜털이 있는 것 같아.

눈썹과 눈썹 사이
그대로 놔두면 양 눈썹이 연결된 것처럼 보여.

입 주변
코 밑에 난 솜털이 수염 같아. 우유를 마시면 하얘져……

팔(팔꿈치 아래)
여름이 되면 신경 쓰여.

겨드랑이
수영할 때 보이면 곤란해…….

다리(무릎 아래)
치마나 반바지를 입을 때 신경 쓰여.

신경이 쓰일 때 처리하고 있어…

하아…

왜 나는 여자인데 털이 많은 거야……

겨드랑이에 털 같은 거 필요 없는데…….

털은 왜 나는 거지?

다른 친구들은 털을 처리하거나 할까?

잠깐 리코, 내 얘기 좀 들어 봐!

뭔데?

있잖아~. 실은…
사토, 겨드랑이 털이 보였어!
그것도 꽤…….

이 해결 방법은 80페이지부터 소개

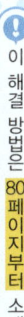

응?

실은 나… 몸에 털이 많아서 고민하고 있거든.

리코도 그래?

어떻게 처리하는지 궁금해서~.

예전에 아빠 면도기를 몰래 가져와서 쓴 적이 있는데…….

따끔거려서 그만 뒀어

예~~!! 그러면 안 되지!

면도칼을 사용한다면

- '바디용'을 사용하자.
- 바디 소프로 거품을 낸 후 밀자.

전기 제모기도 좋아!

- 얼굴과 몸, 양쪽 다 사용 가능.
- 간편하고 피부에 자극이 없어.

털과 같은 방향으로 민다.

아무것도 바르지 않고 밀면 피부가 상해!

털과 반대 방향으로 움직이면서 민다.

어떤 방법으로 하든, 처리 후엔 화장수로 보습하는 것을 잊지 말자!

그렇구나!

전기 제모기는 전자 상가에서 2천 엔 정도에 판매해. 일주일에 한 번 정도 털을 처리한다면 부모님과 상의하는 것도 좋아!

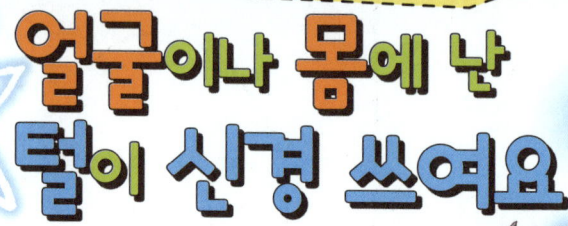

얼굴이나 몸에 난 털이 신경 쓰여요

고민 해결

우리의 이 고민은 클리닉(병원) 선생님께 상담했어.

리얼 설문 조사 — 친구들은 어떻게 생각해?

Q1. 얼굴이나 몸의 털이 신경 쓰이나요?

- 엄청 신경 쓰인다 29%
- 가끔 신경 쓰인다 50%
- 아니요 21%

Q2. 어떻게 처리하고 있나요?

- 2주에 한 번 정도 가정용 제모기를 사용하기 시작했어요. (초6)
- 신경 쓰일 때 면도기를 사용해요. (초5)
- 1~2개월에 한 번 면도기. (초4)
- 가위로 털 뿌리 부분을 잘라요. (초4)
- 쉐이버로 밀어요. (초6)
- 엄마에게 부탁해서 쉐이버로 밀고 있어요. (초6)
- 신경이 쓰이지만 아무것도 하지 않아요. (초6)

소중한 이야기 — 털은 왜 나는 거예요??

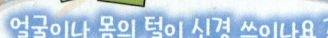

몸에 털이 나는 이유는 '체온 조절(추위로부터 몸을 보호)' 또는 '쿠션 역할(비, 바람, 햇빛 등으로부터 피부를 보호)'을 하기 위해서라고 하네요. 그래서 먼 옛날, 아직 사람이 옷을 입지 않았을 때는 사람도 침팬지처럼 온몸에 털이 나 있었어요. 현대의 생활 환경에서는 털은 그다지 필요 없다고 말할 수 있겠지요.

불필요한 털 처리법 이모저모

불필요한 털을 처리하는 방법은 여러 가지가 있지만, 그중 어떤 방법이 좋을까요?
각각의 특징을 정리했으니 참고하도록 해요.

고민 7 — 얼굴이나 몸에 난 털이 신경 쓰여요

처리 방법	추천도	특징 / 좋은 점, 나쁜 점
면도칼 사용법: 바디 소프를 바른 후 털이 난 방향으로 민다.	★★★☆☆	**파는 곳** 드러그스토어, 할인 매장 **처리 기준** 주 1회 정도 ○ 누구든지 손쉽게 할 수 있다. ✗ 미세한 상처가 나기 때문에 피부가 손상되기 쉽다. ✗ 피부를 베거나 다치기 쉽다.
눈썹용 가위 사용법: 피부 상처에 주의하면서 털을 뿌리 부분부터 자른다.	★★★☆☆	**파는 곳** 드러그스토어, 할인 매장 **처리 기준** 주 1회 정도 ○ 누구든지 손쉽게 할 수 있다. ✗ 시간이 걸린다. ✗ 피부를 자를 확률이 높아 겨드랑이 털은 처리 불가능.
족집게 (핀셋) 사용법: 털을 집어서 뽑는다.	★☆☆☆☆	**파는 곳** 드러그스토어, 할인 매장 **처리 기준** 주 1회 정도 ○ 뽑은 후 다시 털이 날 때까지의 기간이 길다. ✗ 미모공이나 피부가 손상되어 오돌토돌한 게 돋는다. ✗ 아프고 시간이 걸린다.
쉐이버 사용법: 털이 난 반대 방향으로 미끄러트리듯 민다.	★★★★★	**파는 곳** 전기 제품 판매점 **처리 기준** 주 1~2회 정도 ○ 피부 손상이 적고, 얼굴과 몸에 사용할 수 있다. ○ 손쉽게 넓은 범위를 처리할 수 있다. ✗ 털을 깊이 자르지 않기 때문에 자주 처리해야 한다.
전동 제모기 사용법: 털이 난 반대 방향으로 미끄러트리듯 민다.	★★★★☆	**파는 곳** 전기 제품 판매점 **처리 기준** 2주에 1회 정도 ○ 손쉽게 넓은 범위를 처리할 수 있다. ○ 털이 뽑히기 때문에 다시 날 때까지의 기간이 길다. ✗ 사람에 따라 약간 통증을 느낀다.

※ 처리 기준은 어디까지나 기준일 뿐, 개인차가 있을 수 있습니다.

처리 방법	추천도	특징 / 좋은 점, 나쁜 점
제모 크림  **사용법** 털이 난 곳에 바르고 시간이 흐르면 물로 헹군다.	★★☆☆☆	**파는 곳** 드럭스토어 **처리 기준** 주 1회 정도 ○ 사용 후 피부가 매끄럽다. ✕ 특유의 냄새가 난다. ✕ 약이 독해 가려움증이나 피부 트러블이 생길 수 있다.
억모제  **사용법** 피부에 바를 뿐.	★★★★☆	**파는 곳** 드럭스토어 **처리 기준** 매일 ○ 피부에 자극을 주지 않는다. ○ 털이 점점 적어지고 가늘어진다. ✕ 효과가 나타날 때까지 1~3개월 걸린다.
왁싱 숍  **사용법** 숍에서 프로가 처리해 준다.	★★★☆☆	**파는 곳** 키즈 왁싱 숍에 가자. **처리 기준** 3~4주에 한 번 ○ 스스로 처리하지 않아도 된다. ✕ 6~8회 받으면 털이 거의 나지 않게 된다. ✕ 처리하는 비용이 비싸다.

소중한 이야기 — 불필요한 털에 너무 많이 신경 쓰지는 마세요!

왜 사람에 따라 털의 양이 다르지?

유전으로 인해 정해진 '테스토스테론'이라는 호르몬의 양에 따라 털의 양도 달라져요. '남들보다 털이 많아……'라고 고민하는 친구들도 많이 있지만, 초등학생이나 중학생의 경우 몸의 성장 속도와도 관련이 있으니 너무 신경 쓰지 않아도 돼요. 겨드랑이나 성기 주변의 털은 누구든 진해져요.

친구에게 난 털이 신경 쓰일 때……

예민한 부분이니 다른 사람과 이야기하지 않는 것이 좋아요. 또, 본인이 필요 이상으로 신경 쓸 수도 있으니 친구들 앞에서 이야기하는 것도 NO. 조용히 본인에게만 이야기해 줘요. 여자아이라면 누구든지 고민하는 문제이니까요. 상대방의 마음을 가장 먼저 생각해 주는 것이 중요해요.

친구 집에 갔을 때의 매너는?

고민 해결

내가 고민한 이 이야기는 매너 교실의 선생님께 상담했어.

#해 보자! 매너의 법칙 7가지

친구 집에 놀러 갔을 땐 매너를 갖고 올바르게 행동하자.
이건 아무리 친한 친구 집이라도 마찬가지니까 주의해야 해.

1. 제대로 인사해요

집으로 들어갈 때 또는 방으로 들어갈 때는 반드시 "실례하겠습니다." 하고 인사해요. 처음 가는 친구 집에서는 자기소개를 하는 것도 잊지 않도록.

이건 NO! 인사도 하지 않고 친구 방으로 바로 들어가면 안 돼요. 처음엔 없었던 가족들이 나중에 와서 마주쳤을 경우에도 꼭 "안녕하세요." 하고 인사해야 해요.

> 안녕하세요.
> 사토 마오
> 라고 합니다.

2. 존댓말을 사용해요

친구 가족들과 이야기할 때는 존댓말을 써요.
✕ ～이야. ○ ～이에요. ✕ 응. ○ 네.
✕ ～해. ○ ～해요.

> 이걸 어머니께서 주셨어요. 가서 드리라고……

이건 NO! 친구랑 이야기할 때도 "너 죽었어!", "멍충아!" 등 폭력적인 말은 하면 안 돼요. 친구 가족들이 들으면 기분이 나쁠 수 있어요.

3 벗은 신발을 정리해요

현관에서 신발을 벗으면 예쁘게 정리해요. 슬리퍼는 친구 가족이나 친구가 줬을 때만 신도록 해요. 허락 없이 마음대로 신으면 안 돼요.

이건 NO! 신발을 벗은 채로 그대로 두는 것은 예의가 아니에요. 그리고 맨발은 좋지 않아요. 꼭 양말을 신도록 해요.

응, 잠깐 기다려······.

4 소파나 의자에 앉는 방법

친구 집에서는 자기 집처럼 편안하게 있으면 안 돼요. 소파나 의자에 앉을 때도 매너 있게! 마루에 앉는 경우 방석 위에 얌전히 앉는 것이 좋은데, 발에 쥐가 났을 때는 솔직하게 말해서 편안하게 앉아도 돼요.

- 뒤에 기대지 않고 꼿꼿하게.
- 손은 자연스럽게 다리 위에.
- 다리는 벌리지 말고 붙여서.

이건 NO! 소파에 다리를 올리거나 벌리고 앉는 것은 매너 있는 행동이 아니에요!

5 간식을 먹는 방법

어른이 먼저 "먹어요." 하고 말하면 먹거나 마시기 시작해요. 그때는 "잘 먹겠습니다." 하고 인사하는 것을 잊지 말도록. "사양 말고 많이 먹어요."라고 하셔도 혼자서 많이 먹으면 안 돼요.

- 천천히 음미하며 먹어요.
- 부스러기 등을 흘리지 않도록.

이건 NO! 한 손에 과자, 한 손에 주스는 보기 안 좋아요!

6 어른과도 이야기해요

어른들이 여러 가지 질문을 할 수도 있겠지요. 그럴 때는 또박또박 대답해요. 어른들과도 재미있게 대화할 수 있으면 인상도 좋아지겠죠?

이건 NO! 친구하고만 말하고 어른들을 피하는 행동은 하지 않도록. 친구하고는 언제든지 이야기할 수 있으니까요.

7 제대로 인사하고 나와요

"이만 갈게요. 안녕히 계세요." 하고 제대로 인사하고 나와요. 인사할 때는 허리를 굽히면서 인사하면 10점 만점!

이건 NO! 친구 방을 나와서 그대로 집을 나가면 안 돼요. 친구에게 말해서 어른들에게 제대로 인사해요.

소중한 이야기 — 매너 위반에 조심하라!

친구 집에서 조심해야 할 일은 그 외에도 많아요. '저 애는 이제 우리 집에 안 왔으면 좋겠네.' 하고 생각하지 않도록 아래에 있는 6가지에 대해서는 최소한의 주의가 필요해요.

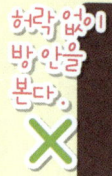

간단하게 귀여운 무늬 만드는 방법!

준비물

컬러 네일 (두 가지 색) / 밴드 표면에 작은 구멍이 있는 것! / 이쑤시개 / 헤어핀

1 밴드로 세퍼릿 만들기

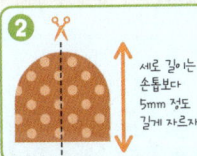

완성!

세로 길이는 손톱보다 5mm 정도 길게 자르자.

① 손톱 전체에 Ⓐ색을 한 번 칠해. ※컬러는 Ⓐ와 Ⓑ를 반대로 해도 OK.
② 밴드를 그림처럼 잘라. (밴드의 구멍에 맞춰서 자르면 편해.)
③ 자른 밴드를 붙여서 손톱 왼쪽 반을 가리고, 오른쪽 반에는 Ⓑ색을 한 번 칠하자. 다 마른 후 밴드를 떼어 내면 완성!

밴드의 폭을 다르게 하면…

밴드를 가로로 자르면…

2 밴드로 줄무늬 만들기

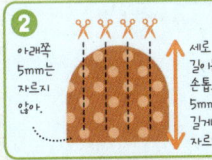

완성!

아래쪽 5mm는 자르지 않아.
세로 길이는 손톱보다 5mm 정도 길게 자르자.
밴드 주름을 떼어 내자.

① 손톱 전체에 Ⓐ색을 한 번 칠해. ※컬러는 Ⓐ와 Ⓑ를 반대로 해도 OK.
② 밴드를 그림처럼 잘라. (밴드의 구멍에 맞춰서 자르면 편해.)
③ 자른 밴드를 손톱 끝부분에 맞춰서 붙이고 줄무늬가 생기도록 자른 밴드를 떼어 내자. 손톱보다 아래에서 자르는 거야. 그 위에서 Ⓑ색을 한 번 칠하자. 다 마른 후 밴드를 떼어 내면 완성!

다른 무늬도 나중에 소개할게~!

이 해결 방법은 98페이지부터 소개

주로 쓰지 않는 손도 예쁘게 칠할 수 있는 포인트!

연습하면 실력이 쭉쭉 늘어나게 될 거야!

- 주로 쓰는 손부터 먼저 칠하자! ※오른손잡이면 오른손부터.
  (집중력이 있을 때 칠하기 어려운 쪽을 끝내는 거야.)
- 네일 브러시를 잡는 손은 새끼손가락 쪽을 테이블에 대고 고정!

그럼 손톱 손질만 하면 되잖아?

엄마한테 혼날 것 같아서.

우리집은 엄해서....

엉? 안 해?

자~! 모두 해 봐★

나도 할 수 있을 것 같아!

간단해~!

대단해

손톱 손질 방법

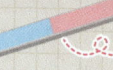
만졌을 때 까칠까칠한 쪽이 거친 면이야!

①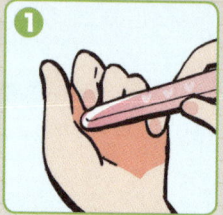

거친 면으로 힘을 빼고 미끄러트리듯이 손톱 표면을 문지르자. 한 개당 15초까지.

②

섬세한 면으로 손톱 표면을 문질러서 윤기를 내.

③

손톱에 반짝반짝 윤이 나면 핸드크림(네일 크림)을 바르고 완성!

손톱 손질만이라면 학교 갈 때도 괜찮을 것 같아!

손톱 손질하는 도구는 할인 매장에서 살 수 있어.

와아, 완성~!

다른 무늬도 소개!!

3 밴드로 하트 만들기

① 손톱 전체에 Ⓐ색을 두 번 칠해. ② 밴드를 반으로 접어서 그림처럼 자른 다음에 펴면 하트 모양이 돼. ③ 하트를 원하는 위치에 붙인 다음 손톱 전체에 Ⓑ색을 한 번 칠하자. 다 마른 후 밴드를 떼어 내면 완성!

4 밴드로 리본 만들기

  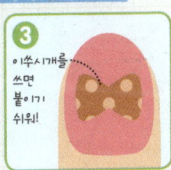 

① 손톱 전체에 Ⓐ색을 두 번 칠해. ② 밴드를 반으로 접어서 그림처럼 자른 다음에 펴면 리본 모양이 돼. ③ 리본을 원하는 위치에 붙인 다음 손톱 전체에 Ⓑ색을 한 번 칠하자. 다 마른 후 밴드를 떼어 내면 완성!

5 헤어 핀으로 물방울무늬

 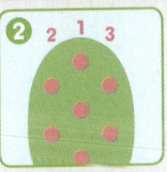 

① 손톱 전체에 Ⓐ색을 두 번 칠해. ② 헤어 핀의 끝부분(둥근 부분)에 Ⓑ색을 묻히고 그림 순서대로 점을 찍자.

큐티클 제거 방법이나 기본적인 칠하는 방법을 우선 익히자!

이 해결 방법은 98페이지부터 소개

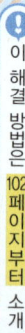

정리의 시작은 '방에 있는 물건을 줄이는 일'부터!
우선 박스를 준비해서 3가지로 나누자!

※ 박스가 없을 때는 쓰레기봉투도 괜찮아.

1 필요한(남기는) 물건

★ 학교에서 사용하는 것

교과서, 노트, 문구 등

★ 추억이 깃든 물건

사진, 편지, 다른 사람에게 받은 선물 등

2 필요 없는(버리는) 물건

★ 과자 상자, 음료수 병
★ 작아진 연필이나 지우개
★ 다 쓴 노트
★ 필요 없어진 인쇄물
★ 이젠 읽지 않는 만화책
★ 너덜너덜한 옷이나 양말

3 고민되는 물건

그때 바로 결정하지 못하는 물건은
일단 여기에 넣어 둬!
고민만 하고 있으면 정리가 안 끝나니까.

이 해결 방법은 102페이지부터 소개

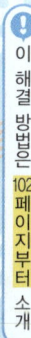

간단한 네일 아트를 하고 싶어요 ♪

고민 해결

우리의 이 소원은 네일 아티스트에게 상담했어.

리얼 설문 조사

친구들은 어떻게 생각해?

Q1. 네일 아트 경험이 있나요?

- 경험이 있다 63%
- 방학 때는 한다 21%
- 쉬는 날에 자주 한다 8%
- 아니요 8%

모두 제법 하고 있구나~.

#공부합시다!

네일 아트 기본 아이템

필요한 아이템을 알아 봐요. 모두 할인 매장에서 구할 수 있어요.

컬러 네일
매니큐어라고도 해요. 여러 가지 색상이 있고 반짝이는 것도 있어요.

베이스 코트
손톱 표면을 매끄럽게 가꾸고 보호해요. 네일 아트가 오래 유지돼요.

탑 코트
끝으로 칠하면 네일 아트가 벗겨지거나 상처 나는 것을 방지해 줘요.

핸드크림 / 네일 크림
큐티클 케어나 네일 아트 후에 발라서 건조함을 방지. 네일 크림에는 손톱을 케어하는 성분이 함유.

리무버
네일 컬러를 지우는 액체. 이것이 없으면 네일 컬러를 지울 수 없어요.

화장 솜
네일 컬러를 지울 때 사용해요.

면봉
큐티클 케어나 삐져나온 네일 컬러를 지울 때 써요.

#해 보자! 네일 아트 기본 테크닉

'예쁘게 칠할 수가 없어.', '금방 지워져.' 하는 친구들은 주목!
네일 아트를 오래 가게 하고 예쁘게 하는 올바른 순서, 칠하는 방법을 알려 드려요.

고민 9 · 간단한 네일 아트를 하고 싶어요 ♪

준비물
· 면봉 · 핸드크림

손톱이 크고 예쁘게 보이는 효과가 있어요!

손톱 뿌리 부분에 있는 하얀 막이 큐티클.

시작 전에 ｜ 편안하게 목욕해서 큐티클을 부드럽게 만들어요.

① 손가락을 접고 면봉으로 큐티클을 살짝 밀어 올려요. 너무 힘주지는 말 것.
② 밀어 올린 후 나온 하얀 막을 면봉 끝부분을 동글동글 움직여 가면서 제거해요.
③ 손톱과 손가락에 핸드크림(네일 크림)을 발라서 흡수시키면 OK.

2 네일을 칠하는 법

1. 베이스 코트를 발라요.

2. 컬러 네일을 발라요.
① 손톱 끝부분
   (손톱을 옆에서 봤을 때 손톱의 두께 부분)
② 손톱 표면에 한 번
   마르면
③ 손톱 표면에 한 번 더

3. 탑 코트를 발라요.

4. 드라이어 냉풍으로 말려요.

바를 때 포인트

① 손가락은 하나씩 상 위에 놓고 고정해요.
② 액이 새지 않도록 병 입구에서 양을 조절해요.
③ 가운데, 왼쪽, 오른쪽 순으로 뿌리 부분부터 끝부분을 향해 발라요.

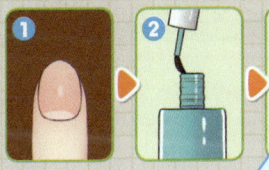

● 브러시 자국이 남지 않도록 힘을 빼고 부드럽게.
● 손톱 주변에 마스킹 테이프를 붙이면 삐져나와도 OK.

마스킹 테이프를 붙이면 GOOD!

3 네일 컬러를 지우는 법

잘 남는 부분

방에 있는 창문을 열어서 환기하면서 하자!

1. 화장 솜에 500원(엔)짜리 동전 크기만큼 리무버를 덜어 낸다.
2. 네일 컬러를 지우고 싶은 손톱에 화장 솜을 3초 정도 얹는다.
3. 엄지손가락으로 누르면서 깨끗이 제거한다. 남지 않도록 주의!

 **이건 NO!**

티슈를 사용하면 안 돼요!

티슈에 리무버를 묻히면 바로 증발하기 때문에 네일 컬러를 깨끗이 제거할 수 없어요. 결과적으로 리무버를 많이 사용하게 되거나 시간이 오래 걸려서 손톱이 건조해져요.

네일에 관한

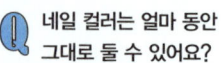 네일 컬러는 얼마 동안 그대로 둘 수 있어요? 평균 1주일 정도. 네일 컬러가 벗겨지면 깨끗이 제거해 주세요.

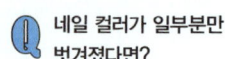 네일 컬러가 일부분만 벗겨졌다면? 그 손톱만 지우고 다시 칠하는 것이 깔끔해요.

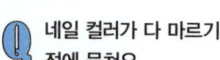 네일 컬러가 다 마르기 전에 뭉쳐요. 처음 칠한 것이 마르기 전에 두 번째를 칠하고 있지는 않나요? 그러면 건조 시간이 오래 걸리거나 부딪혀서 뭉치는 원인이 돼요.

< 여중생 선배의 조언

네일 컬러를 꾸미는 방법

 일반 네일 컬러 위에 반짝이는 네일을 칠하면 더 예뻐요♪ (중1)

 계절에 맞는 네일 스티커를 할인 매장에서 사서 원 포인트로 붙여요. (중2)

100

고민 해결: 방 정리를 잘 못해요······

스즈키의 이 고민은 정리 수납 어드바이저 선생님께 상담했어.

리얼 설문 조사 — 친구들은 어떻게 생각해?

Q1. 방 정리나 청소를 잘하는 편인가요?

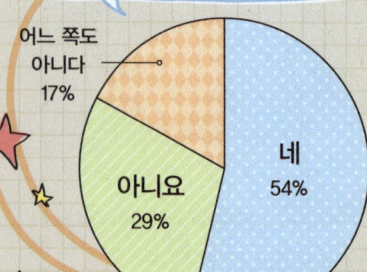

- 네 54%
- 아니요 29%
- 어느 쪽도 아니다 17%

Q2. 정리할 때 어려운 일은?

- 수납공간이 없어서 어디에 물건을 둬야 할지 모르겠어요. (초4)
- 정리해도 금방 어지러워져요. (초6)
- 부모님이 "방 좀 치워." 하고 말씀하실 때마다 하기 싫어져요. (초6)
- 물건이 계속 많아져요. (초6)
- 귀찮아져요. (초6)

소중한 이야기 — 정리 정돈을 할 수 없는 이유는?

방 정리를 못하는 이유는 단 하나! 방 안에 물건들이 지나치게 넘쳐나기 때문! 물건은 버리거나 다른 사람에게 주거나 해서 줄이지 않으면 계속 많아지기만 해요. 물건이 너무 많으면 정리할 공간조차 생기지 않아요. '그냥 갖고 있자'. 이것이 제일 나빠요. 우선 방 안의 물건을 줄이는 것부터 시작해요!

해 보자! 서랍 수납장 수납 테크닉

서랍이나 수납장을 열면 물건이 뒤죽박죽이야! 하는 친구들도 많을 거예요……
그럴 때는 할인 매장에서 살 수 있는 '바구니'나 '박스'를 잘 활용해요!

'바구니'나 '박스'를 활용해서 그룹별로 정리!

칸막이가 있는 것, 위로 긴 것, 옆으로 넓은 것, 깊은 것 등 종류가 많으니 수납할 물건, 장소에 따라서 활용해요.

사용할 때 편리할지를 잘 생각해서 이렇게 그룹으로 나눠요.

- 문구
- 편지지 세트
- 헤어 용품
- 공부에 관한 물건
- 네일 용품
- 취미에 관한 물건
- 메이크업 용품
- 손수건, 티슈

문구

책상 서랍은 아이템별로 정리할 수 있는 수납 케이스로 깔끔하게!

헤어 액세서리, 액세서리

하나씩 놓을 수 있는 칸막이가 있으면 필요할 때 바로 찾을 수 있어서 편리해요!

메이크업 용품

병, 스프레이, 빗 등 높이가 있는 물건들은 깊이가 있는 박스 속에 세워서 놓아요.

취미에 관한 물건
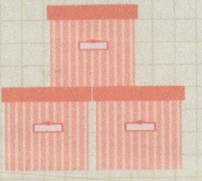
만화책, 장난감, 잡화 등은 각가 나눠서 예쁜 박스에 넣어 둬요.

손수건, 티슈

접은 손수건이나 티슈는 세로로 세워서 나란히 넣으면 한눈에 보여서 좋아요.

노트, 인쇄물

인쇄물은 파일에 넣어서 파일 박스에 수납하면 깔끔해져요.

고민 10 · 방 정리를 잘 못해요……

깔끔한 방을 유지하는 방법

모처럼 정리했는데 어느새 다시 어지러워진 방……
이렇게 되지 않도록 깔끔한 상태를 유지할 수 있는 규칙을 잘 알아 두세요!

1 물건을 둘 곳을 정해서 라벨을 붙여요!

마스킹 테이프에 '물건의 이름'이나 '물건 그룹의 이름'을 유성 매직으로 써서 수납한 위치에 붙여요.

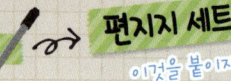
편지지 세트
이것을 붙이자!

미니 테크닉 — 사용하는 빈도에 따라 수납할 위치를 정해요!

- 매일 사용하는 물건 ▶ 바로 꺼낼 수 있는 곳. 눈높이와 같은 높이면 좋아요.
- 주 1회 정도 사용하는 물건 ▶ 수납공간의 높은 곳이나 낮은 곳.
- 거의 사용하지 않는 물건 ▶ 수납공간 안쪽 깊은 곳.

2 원래 자리에 되돌려 놔요

한번 꺼내면 그대로 두지 말고 반드시 원래 있던 자리에 되돌려 놓아요! 이것이 습관이 되면 방 안은 늘 깔끔할 거예요. "응? 테이프가 어디 있더라!?" 하면서 물건을 찾는 시간도 없어져요.

3 바닥에 물건을 두지 말아요

학교에서 받아 온 것, 읽고 난 만화책, 빨래한 옷 등. 나중에 치우자는 생각으로 바닥에 두는 것은 NG! 한번 바닥에 두기 시작하면 계속 두게 돼요. 또한, 바닥에 물건이 있으면 청소하기 귀찮아져 더 방이 어지러워지기 쉬워요.

4 주 1회, 청소의 날!

매일 치우기는 힘드니까 주에 1회, 'O요일은 청소하는 날'로 정해서 청소해요. 스스로 깨끗이 청소한다면 쉽게 더러워질 일은 없을 거예요.

5 방을 장식할 공간을?

'좋아하는 물건을 장식하는 공간'을 정해서 방을 꾸며요♪ 방을 예쁘게 꾸미면 깔끔하게 사용하고자 하는 마음도 강해져요.

124쪽부터 방 꾸미기를 소개!

고민 해결: 반에서 인기를 얻고 싶어요!

나미에의 이 고민은 심리 치료 센터 선생님께 상담했어.

리얼 설문 조사 — 친구들은 어떻게 생각해?

Q1. 인기를 얻고 싶다고 생각한 적이 있나요?

50% 이상의 친구들이 나처럼 인기를 얻고 싶어 하는구나. 인기인은 좋아 보이지······.

- 네 58%
- 아니요 17%
- 어느 쪽도 아니다 25%

#해 보자! 인기를 얻기 위한 규칙

인기 있는 친구들의 공통점은 '밝고 긍정적, 자기만의 개성이 있다.'라는 것. 사고방식이나 행동을 바꾸면 누구든 인기 스타가 될 수 있어요!

1 늘 싱글벙글 웃는 얼굴로!

웃는 얼굴은 친근감을 줘요. 사람은 친근감이 느껴지는 사람과 친해지고 싶어 해요! 당신도 화난 얼굴을 한 친구에게는 '말 걸기가 어려워······.'라고 생각하겠죠!? 웃는 얼굴에는 모든 사람을 끌어당기는 마법이 있다는 걸 기억해 둬요!

당신은 누구와 친해지고 싶나요?

2 부정적인 말은 하지 말자!

소극적이거나 부정적인 말은 NG! 긍정적인 말을 하도록 해요!

부정적인 말은 옆에 있는 친구들의 기분도 나쁘게 해요.

- 부정적 ✗ "나 같은 게 무슨……. 어차피 어두운걸."
- 긍정적 ○ "성격이 맞는 친구를 찾아 보자!"
- 부정적 ✗ "뭐야 그건……. 시시해."
- 긍정적 ○ "오~. 그렇게 생각할 수도 있구나."
- 부정적 ✗ "실수하면 어떡하지?"
- 긍정적 ○ "자신은 없지만 노력해 보자!"

나… 나 같은 거랑 같이 가도 어차피 재미없을 거야…….

고민 11 — 반에서 인기를 얻고 싶어요!

3 자신의 생각을 말하자!

'상대방이 어떻게 생각할지'는 신경 쓰지 말고 우선 자신의 생각을 확실하게 "네." 아니면 "아니요."만이라도 말하도록 해요. 말을 하지 않으면 어떤 생각을 하는지 알 수 없으니 친구들도 당신에게 말하기가 불안할 거예요.

 이 강아지 너무 귀엽지?
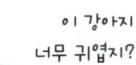 응! 귀여워~♪
 나는 고양이가 더 좋아~.

 ……………… ………………
 C는 무슨 생각을 하는지 모르겠어. 화난 걸까?

4 차별 없이 친하게 지내자!

자신이 좋아하는 친구에게는 친절하게, 그렇지 않은 친구는 무시. 이런 태도면 기분이 나쁘죠. 또 친구의 험담을 하거나 소문 얘기로 친해지려는 행동은 NO! 남의 험담이나 소문은 화젯거리가 될 수 있지만 그런 이야기만 하고 있으면 '다른 친구랑은 내 험담을 하는 거 아냐?' 하고 신뢰를 잃을 수 있어요. '누구에게나 친절하게 대할 수 있는' 것은 인기 스타의 조건!

5 뭐든지 즐겁게 임하자!

인기 많은 친구는 늘 즐거워 보이죠? 그것은 '어떤 일이든 우선 즐겁게 해 보자!'라는 마음가짐 때문. 다들 시시한 일보다는 재미있는 일을 좋아하니까, 즐거워하는 친구에게 사람들이 모이게 되는 것은 당연한 일.

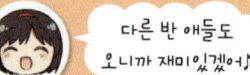

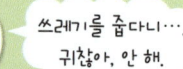

6 친구들에게 관심을 갖자!

친구들이 자신을 좋아해 주기를 원한다면 먼저 당신이 친구들을 좋아할 것. 친구들에게 관심을 가지고 관찰해 보자. 그러면 친구들이 기뻐하는 일을 할 수 있게 돼요.

7 먼저 행동해 보자!

내가 먼저 행동하면 여러 가지 기회가 생겨요.
친한 친구가 많아지면 결과적으로 인기 스타가 되겠죠!?

- 무언가 담당하거나 반장 선거에 나가 보자.
- 모든 친구에게 내가 먼저 인사하자.
- 모두 함께 노는 일을 기획해 보자.

"아~! 또 자기 맘대로 생각하고 포기하네!"

"아냐 아냐 안 돼 안 돼 완전 이상해!!"

"치마!?"

"나미에는 치마는 안 입어?"

치마 길이별 종류

 미니스커트
무릎에서 위로 10~15cm 정도의 길이

 무릎 스커트
딱 무릎까지 오는 길이

 미디스커트
종아리가 다 안 보이거나 중간까지 안 보이는 길이

 롱스커트
발목이나 복사뼈가 안 보이는 정도의 길이

치마도 길이나 모양에 따라 여러 가지 종류가 있어!

치마 디자인별 종류

 플레어
물결처럼 넓게 퍼져 있는 실루엣

 플리츠
주름이 있는 치마

 펜슬
허리에서 옷자락까지 직선인 실루엣

 사다리꼴
사다리꼴 모양을 한 치마

 튤
반투명 소재(튤)를 사용한 것

 나한테 어울리는 치마도 있다는 거야?

'어떤 나를 보여 주고 싶은지', 또는 '나의 몸에 맞는 아이템'을 생각해서 고르면 좋아!

물론이지!

이 해결 방법은 120페이지부터 소개

나미에의 이 고민은
패션 스타일리스트분께 상담했어.

체형별 추천 코디

당신은 본인의 체형에 맞는 아이템이나 패션의 균형 규칙을 제대로 알고 있나요?
자신이 가지고 있는 체형의 매력을 살려서 패션을 즐기세요!

날씬 & 키 큰 친구들
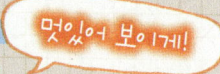

매력이 있는 '긴 다리, 날씬한 몸매'를 어필하는 아이템과 코디로.

추천 바지 코디

- 스키니 팬츠
  ×
- 헐렁한 상의

- 딱 맞는 상의
  ×
- 기장이 긴 와이드 팬츠

기장이 길거나 슬림한 팬츠는 키가 큰
친구에게 가장 좋은 아이템. 멋있게
입어 보자!

추천 치마 코디

- 하이 웨이스트 펜슬 스커트

- 롱스커트
  ×
- 티셔츠를 안쪽으로

팬츠와 마찬가지로 슬림한 실루엣이나
긴 기장이 잘 어울려요. 반대로
미니스커트는 다리가 많이 보이므로 NO.

키가 작은 친구들

 귀여워 보이게!

'콤팩트'한 매력을 어필하는 아이템과 코디로.

고민 12 — 더 멋쟁이가 되고 싶어요 ♪

추천 바지 코디

- 조금 헐렁한 멜빵바지 × 큰 티셔츠
- 반바지 × 조금 헐렁한 상의

키가 작은 친구들은 반바지가 가장 잘 어울려요. 헐렁한 멜빵바지도 귀여운 느낌을 줘요.

추천 치마 코디

- 후드가 달린 원피스로 여유 있게!
- 미니스커트 × 조금 헐렁한 티셔츠

치마를 입을 때는 상의를 속에 집어넣어 허리 라인을 높게 보이게 하거나, 굽 높은 스니커즈로 스타일 업 효과를 노려요.

통통한 친구들

 소녀 같은 느낌으로!

'부드러운' 매력을 어필하면서, 산뜻하게 보이는 아이템이 포인트.

추천 바지 코디

- 롱 셔츠 걸쳐 입기 × 보이프렌드 데님
- 바짓단 접어 올리기 × 허리에 셔츠를 묶기

끼지 않는 사이즈를 착용. 혹은 롤업으로 발목을 드러내서 하반신을 깔끔하게. 허리에 셔츠를 묶으면 날씬한 느낌이에요!

추천 치마 코디

- 비대칭 스커트 × 카디건
- 청 자켓을 걸치기 × 원피스 허리에 벨트

원피스 × 벨트, 걸친 상의, 비대칭 스커트(좌우의 길이가 다른 치마)는 몸매를 날씬하게 보이게 해요.

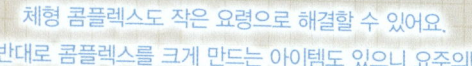

콤플렉스 해결 테크닉

체형 콤플렉스도 작은 요령으로 해결할 수 있어요.
반대로 콤플렉스를 크게 만드는 아이템도 있으니 요주의!

얼굴이 작아 보이고 싶어

포인트는 '얼굴 주변'. 브이넥이나 셔츠 등, 네크라인이 파인 아이템으로 깔끔하게 하자!

좋은 아이템 / **나쁜 아이템**

- ▶ 브이넥 티셔츠
- ◀ 단추를 푼 셔츠
- ▲ 네크라인이 올라온 디자인

얼굴에 큰 소품을 사용하는 것도 좋아요.

- ▲ 패션 안경
- ▲ 귀걸이
- ▲ 큰 리본 머리띠

상체가 날씬해 보이고 싶어

굵은 팔은 가리든지 다 드러내는 것으로. 오프숄더는 팔은 가리고 어깨는 노출함으로써 산뜻하게 보이는 효과도!

좋은 아이템 / **나쁜 아이템**

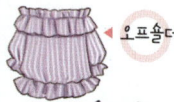 
- ▶ 오프숄더
- ▶ 짧은 소매

- ◀ 노 슬리브
- ▶ 퍼프 슬리브

- ▲ 플레어 슬리브
- ▶ 몸에 딱 붙는 상의

허벅지를 가늘게 보이고 싶어

허벅지를 가리면서 약간 볼륨이 있는 아이템을 골라요. 허벅지를 강조하는 '슬림, 짧은' 것은 NG!

좋은 아이템 / **나쁜 아이템**

- ◀ 스키니 팬츠
- ◀ 와이드 팬츠
- ▶ 무릎 플레어스커트

- ▲ 미니스커트
- ◀ 올인원 형태의 옷

종아리를 가늘게 보이고 싶어

종아리 중간 정도까지 오는 기장은 종아리를 강조하므로 NG. 바지의 경우, 바짓단을 접어 올려서 깔끔하게!

좋은 아이템 / **나쁜 아이템**

- ▶ 롱스커트
- ▶ 미디스커트

 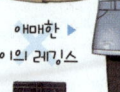 
- ◀ 긴 레깅스
- ▲ 애매한 길이의 레깅스

- ◀ 바짓단을 접어 올린 바지
- ◀ 바짓단이 그대로인 바지

귀요미 1 벽 꾸미기로 방 이미지 체인지!

벽을 상하게 하지 않는 방식으로 안심. 방 분위기가 훨씬 환해져요.

벽 꾸미기 1 마스킹 테이프 집

준비할 물건
- 마스킹 테이프

만드는 법 아래 그림처럼 마스킹 테이프를 벽에 붙여요. 높은 위치는 가족에게 도와 달라고 해요!

크게 만드는 편이 더 귀여워요♪

마스킹 테이프의 무늬는 같아도 달라도 OK.

벽 꾸미기 2 아트 프레임

준비할 물건
- 포장지
- 프레임(틀, 할인 매장에서 살 수 있어요.)

만드는 법 포장지를 프레임 뒷면에 대고 자른 다음 프레임에 넣어요.

심플한 무늬가 더 세련돼 보여요.

틀을 벽에 거는 방법은 가족과 상의해요.

벽 꾸미기 3 플래그 화환

준비할 물건
- 무늬가 있는 색종이
- 예쁜 끈

만드는 법

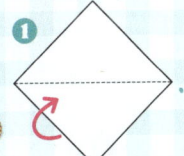
① 색종이를 그림처럼 반으로 접었다가 다시 펴요.

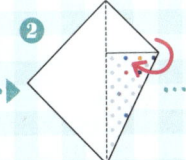
② 중심선에 맞춰 양쪽에서 접어요.

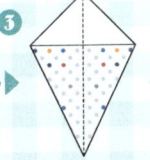
③ 양쪽에서 접은 상태. 이 모양을 많이 만들어요.

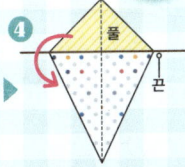
④ 그림의 위치에 끈을 놓고 노란색 부분에 풀을 발라 접어요.

끈 양쪽은 핀으로 고정.

무늬나 색깔이 다른 플래그를 번갈아 넣어요!

플래그를 많이 만들어서 길게 하면 더 재미있어요♪

귀요미 2 미니 아이디어로 사진 꾸미기!

친구랑 찍은 사진으로 예쁘게 꾸며요 ♪ 여러 가지 배치해 봐요 ★

사진 1 — 코르크판을 사용해요!

준비할 물건
- 코르크판
- 무늬 있는 색종이
- 마스킹 테이프
- 레이스 리본

만드는 법
① 사진을 사람이나 동물 모양에 맞춰 잘라요.
② 그 모양보다 조금 크게 무늬 있는 색종이를 오려 사진 뒷면에 붙여요.

오린 종이 / 마스킹 테이프 / 오린 종이

레이스 리본을 붙여요 ★

사진 가장자리에 마스킹 테이프를 붙여요. 이것만으로도 아주 귀여운 사진 완성 ♪

사진 2 — 나무 클립을 사용해요!

준비할 물건
- 나무 클립
- 예쁜 끈

만드는 법
나무 클립의 위쪽 뒷면에 본드를 발라 예쁜 끈에 같은 간격으로 붙여요. 그리고 그 클립으로 사진을 집어요 ♪

줄을 여러 개 만들면 더 예뻐요!

끈 양쪽은 핀으로 고정

세로 사진, 가로 사진 등 여러 가지가 있으면 모양을 만드는 게 쉬워요.

사진 3 — 하트 모양으로 꾸며요!

만드는 법
큰 하트 모양이 되도록 사진을 양면테이프로 붙여요. 맨 먼저 가운데에 있는 줄을 붙이고 거기서부터 좌우 똑같이 붙여 나가면 예쁘게 만들 수 있어요. 가로와 세로를 눈으로 맞춰요.

붙이는 순서 ③ ② ① ② ③

귀요미 3 — 작은 물건은 장식으로!

정리하기 어려운 작은 물건들은 장식용으로. '투명 보틀'로 통일감을.

장식 1 — 유리병이나 투명 보틀에 담아요!

유리병

색이 다양한 게 포인트 ♪

투명 보틀

머리 장식 / 사탕 / 네일

긴 물건은 세로로 넣으면 ◎

컬러 펜이나 연필

장식 2 — 나만의 수제 오브제를 만들어요!

플라워 보틀

준비할 물건
- 조화(달리아나 거베라 꽃이 ◎)
- 펄 비즈
- 동물 모양의 소품

병 입구를 리본으로 묶어도 예뻐요.

가위로 꽃 부분만 잘라요.

병 안에 조화, 펄 비즈, 동물 모양의 소품 등을 균형을 맞춰서 넣으면 완성.

조개껍질 보틀

준비할 물건
- 모래
- 반짝이(네일 도구)
- 조개껍질(모양이 다양하면 ◎)
- 씨 글래스 또는 유리구슬

색색의 씨 글래스나 유리구슬은 악센트로!

❶ 모래에 반짝이를 섞어요.
❷ 병에 ❶을 넣고 그 위에 씨 글래스나 조개껍질 등을 균형을 맞춰서 넣으면 완성.

친구들의 이것저것 무엇이든 랭킹

여름 방학 때 친구들과 하고 싶은 건?

잔뜩 추억을 만들고 싶은 여름 방학. 친구들이랑 즐기고 싶은 일을 물어 봤어요!

- 1위 수영장에 간다
- 2위 친구 집에서 1박
- 3위 놀이동산에 간다
- 4위 바다로 간다
- 5위 불꽃놀이를 본다

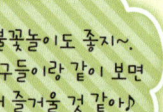
불꽃놀이도 좋지~.
친구들이랑 같이 보면
더 즐거울 것 같아♪

친구 집에 모여
하룻밤 자는 것도 재미있어.
밤새 수다 떨고, 여름이라서
무서운 이야기가 나올지도!?

더운 여름에는
수영장이 최고! 수영
후에 먹는 아이스크림이
맛있어~.

10월 11월 12월 의 학교생활

핼러윈, 크리스마스 등 즐거운 날에는 친구들과 추억을 만들고 싶어!
하지만 그런 날과 관련해서는 고민도 있기 마련······.

10월

고민 13
다이어트를 해서
날씬해지고 싶어요!
— 세토 히나

고민 14
핼러윈 데이 가장을
하고 싶어요★
— 사토 마오

11월

고민 15
특기가 없어···
미래의 꿈이 없어······
— 야마모토 에리나

고민 16
방귀나 변비가
신경 쓰여요······
— 마츠모토 유리아 이토 미유 와타나베 카논

12월

고민 17
더 많이 러블리해지고
싶어요♥
— 다카하시 마나미 이토 미유

고민 18
좋아하는 남자아이와
즐겁게 말하려면?
— 다카하시 마나미

에~!! 좀비?

우리끼리 준비할 수 있는 의상이 별로 없더라.

간단하게 할 수 있는 가장 없을까~?

우리가 할 수 있을까? 하고는 싶은데….

그럼 같이 좀비 가장 할래?

저… 저기…….

예~

좀비 가장은 특별히 물건을 사지 않아도 간단하게 할 수 있어요!

머리는 아예 엉망으로
머리를 세우거나 뒤죽박죽으로 만들거나 앞머리로 눈을 가리면 더 좀비처럼 보여.

군데군데 빨간 물감을 묻힌 붕대나 휴지를 감자!

좀비 메이크업
눈 밑에 검은색 아이섀도를 그리고 입술 옆에 립글로스로 피를 표현. 상처 메이크업도 도전해 보자!

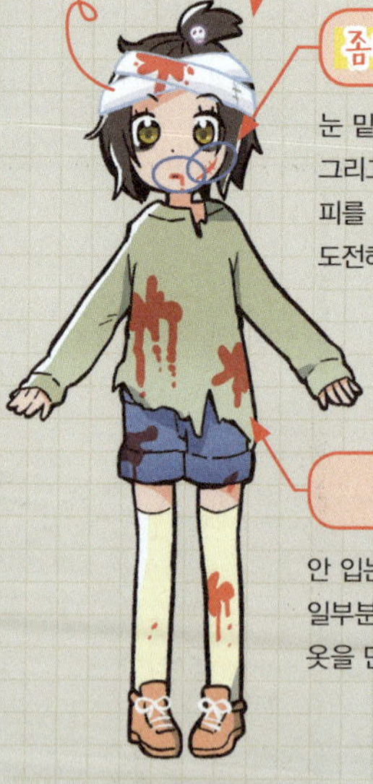

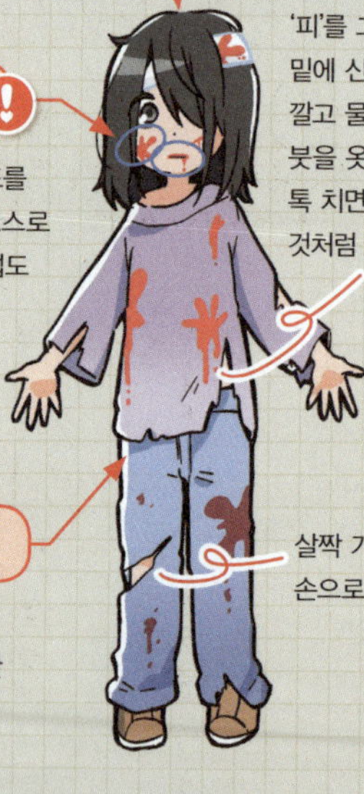

빨간 물감으로 '피'를 그리자! 밑에 신문지를 깔고 물감을 묻힌 붓을 옷 위에서 톡 치면 피가 튄 것처럼 보여.

안 입는 옷
안 입는 옷의 옷자락이나 일부분을 찢어 너덜너덜한 옷을 만들자!

살짝 가위질한 다음 손으로 찢으면 돼.

이 해결 방법은 144페이지부터 소개

고민 해결 ★ 다이어트를 해서 날씬해지고 싶어요!

나의 이 고민은 클리닉(병원) 선생님께 상담했어.

리얼 설문 조사 — 친구들은 어떻게 생각해?

Q1. 다이어트를 해 본 적이 있나요?

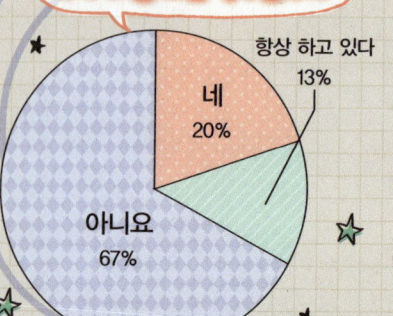

- 항상 하고 있다 13%
- 네 20%
- 아니요 67%

Q2. 어떨 때 살을 빼고 싶다고 느끼나요?

- 몸매에 대해 신경이 쓰이기 시작했을 때. (중1)
- 다른 사람에게 살이 좀 찐 것 같다는 말을 들었을 때. (중1)
- 남학생에게 몸매에 대해 놀림(나보다 쪘어?)을 받았을 때. (중2)
- 반 친구들이랑 몸무게 이야기를 하는데 내 몸무게를 말하는 게 창피했을 때. (중1)
- 거울로 나의 전신을 봤을 때. (중3)

소중한 이야기 — 그 다이어트 정말 필요해?

여자아이들의 몸매는 중~고등학생이 되면서 성인의 몸처럼 둥그스름한 몸매로 변해요. 이런 변화를 '살이 쪘어!'라고 착각해서 다이어트를 해야 한다고 생각하는 친구들도 많이 있지요. 또 성장기는 키와 몸무게가 계속 늘어나는 시기예요. 당신이 하고자 하는 다이어트가 정말 필요한 건지 다시 한번 곰곰이 생각해 봐요.

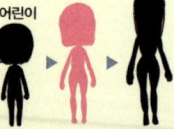

지금의 여러분: 어린이 → 어린이에서 성인으로 → 성인

먹지 않는 다이어트는 절대 안 돼요!!

성장기는 몸의 기초를 만드는 아주 중요한 시기예요. 몸을 움직이게 하는 영양 외에도 몸을 성장시키는 영양도 필요하죠. 그런 시기에 먹지 않는 다이어트는 절대 해서는 안 돼요. '빈혈', '피부 트러블', '생리가 멈춤', '키가 크지 않음' 등 몸에 이상이 생길 수 있어요. 절대 하지 마세요!

고민 13 다이어트를 해서 날씬해지고 싶어요!

#해 보자! 건강한 다이어트 식생활

그래도 다이어트를 하고 싶다면 '건강한 다이어트'를!
무리하지 않는 다이어트는 요요 현상(도로 체중이 증가하는 것)도 없어요.

균형이 잡힌 식사를 세끼 제대로 먹어요!
밥이나 파스타, 빵만 먹는 식의 균형이 깨진 식사는 살찌기 쉬운 체질이 돼요.
육류, 생선류, 달걀 / 채소, 해초류 / 버섯, 밥 등 균형이 잡힌 식사를 해요.

한 번에 20~30번씩, 천천히 꼭꼭 씹어서 먹는다!
뇌가 '배가 부르다'고 느끼는 것은 밥을 먹기 시작하고 나서 15~20분 후라고 해요.
많이 씹으면 과식을 예방할 수 있어요.

식사할 때 '먹는 순서'를 신경 써요.
밥을 두 그릇, 세 그릇씩 먹는 친구들은 '야채 → 반찬 → 밥' 순으로 먹어 봐요.
배가 불러서 밥을 필요 이상으로 먹지 않게 될 거예요.

이건 NO!
평상시 이런 간식을 자주 먹는 친구들은 살이 찌기 쉬워요. 세끼 식사량을 줄이지 말고 이런 간식들을 참아요!

탄산음료, 주스 / 컵라면 / 스낵, 과자 / 패스트푸드

미니 테크닉 — 간식을 먹는다면

상자째로 먹으면 없어질 때까지 먹게 돼요······.

먹을 양만 접시에 놓고 과식 방지!

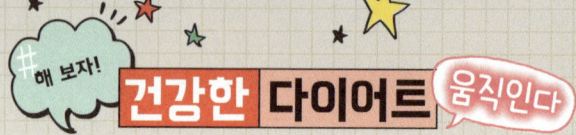

#해 보자! 건강한 다이어트 움직인다

무리한 운동은 오랜 시간 지속할 수 없고, 그만두면 바로 살이 쪄요.
생활 속에서 '가볍게 움직이는 습관'을 기르면 살이 찌지 않는 몸으로!

빨리 걷는다

학교 등하굣길에서 '발 폭을 크게 벌려서 빨리 걷는' 것을 의식하며 걸어요.

등을 쭉 펴고 먼 곳을 보면 더 좋아요!

반려동물과 산책

매일 산책하면 좋은 운동이 돼요! 즐거운 마음으로 몸을 움직일 수 있겠어요.

강아지도 좋아해요!

가사를 돕는다

청소나 심부름 등 가사를 도우면서 몸을 움직여요!

엄마에게 칭찬받을 거예요♪

댄스

좋아하는 음악을 들으면서 자유롭게 몸을 움직이거나 나름대로 춤을 춰 봐요.

스트레스 해소도 돼요.

국민 체조

매일 힘차게 국민 체조만 해도 좋은 전신 운동이 돼요.

손발을 크게 움직여 주세요!

전신욕 하기

따뜻한 물에 몸을 담가 땀을 빼요. 수분 섭취로 현기증이 나지 않도록 주의.

15~20분 정도가 적당해요.

다리가 시원해!

다리에 바디 크림이나 오일을 발라요. 발목을 양손으로 힘줘서 꽉 잡은 후 그대로 허벅지 위쪽까지 이동. 양쪽 다리를 각각 10번씩 해요.

 손발 흔들흔들 체조

똑바로 누운 다음 손과 발을 위로 올려 1분 동안 흔들어요. 2~3회 반복하면 좋은 운동이 돼요. ※식사 후 한 시간 내에 하면 속이 안 좋아질 수 있으니 피하도록 해요.

흔들 흔들
흔들 흔들

좀비 분장으로 박력 UP!

#해 보자!

좀비 분장은 핼러윈 때 어떤 가장에나 잘 어울리니 강력 추천!
손쉬운 아이템으로 간단하게 할 수 있으니 꼭 도전해 봐요!

고민 14

핼러윈 데이 가장을 하고 싶어요 ★

분장 포인트

검은색이나 갈색 아이섀도를 눈 밑에 발라요.

상처 분장

새빨간 립글로스를 듬뿍 발라요.

피를 흘리는 느낌으로 입 옆에 그려요.

상처 분장 만드는 방법

준비할 물건
티슈페이퍼, 액상 풀, 물감(살구색, 빨간색), 빨간 립글로스, 검은색 아이섀도

알레르기가 없는지 손등이나 팔로 먼저 확인해 보세요.

1 티슈페이퍼 3~4장을 가로세로 3cm 정도로 작게 찢어요.

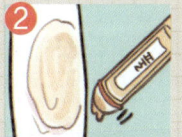

2 상처를 만들고 싶은 곳에 풀을 듬뿍 발라요. 눈 바로 아래쪽은 피하세요.

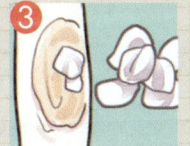

3 바른 풀이 안 보이게 티슈페이퍼를 붙여요.

4 ②와 ③을 반복하면 두꺼워져요. 15분 정도 말려요.

5 그 위에 살구색 물감을 칠하고 말려요. 피부와 비슷하게 보이면 OK.

6 가운데쯤에 가위로 칼집을 내요. 다치지 않도록 주의.

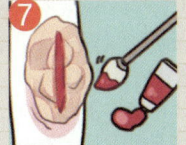

7 칼집을 낸 부분에 빨간색 물감을 바르고 말려요. 그 무문이 상처 부위가 돼요.

8 상처 부위 주변에 검은색 아이섀도를 바르면 더 실감이 나요.

이런 가장도 추천해요

평상복 + 할인 매장 아이템으로 할 수 있는 간단한 가장이에요.
모두 같은 의상을 사지 않더라도 포인트만 잡으면 맞춘 것처럼 보여요!

「●」=친구들과 같은 가장을 할 경우 똑같이 맞추면 좋은 아이템.
그 외는 각자 가지고 있는 옷으로 충분해요.

검은 고양이
- ● 고양이 귀 머리띠
- 양 갈래로 묶은 머리
- 검은색 네일 아트
- 검은 원피스
- 꼬리

아이라이너로 코끝을 까맣게 칠하고 볼에 콧수염을 3개 그리면 완성!

빨간 모자
- ● 빨간 망토(판초)
- 느슨하게 땋은 머리
- 흰색 상의
- 검은색 치마
- 호박 모양 가방
- ● 빨간 구두

빨간 망토에 빨간 구두를 맞추면 분위기 UP!

드라큘라 백작
- 올림 앞머리와 포니테일
- ● 붙인 덧니
- 흰색 셔츠
- 검은 바지
- ● 검정 망토

시원하게 가다듬은 헤어스타일과 모노톤으로 멋지게!

핼러윈 데이에 친구들과 할 것
여중생 선배의 조언

 다 같이 과자를 준비하고 'trick or treat(과자를 주지 않으면 장난칠 거야)'라고 말하면서 과자를 교환하거나 공유하면 재미있어요. (중1)

 가장한 모습을 휴대폰으로 찍거나 스티커 사진을 찍어요. 코스튬에 맞는 캐릭터가 된 기분으로 찍는 것이 포인트. (중3)

 친구들이 가져온 과자들 중 하나에만 고추냉이나 겨자를 넣는 '러시안룰렛'이 재미있어요. (중1)

고민 해결: 특기가 없어… 미래의 꿈이 없어……

나의 이 고민은 심리 치료 센터 선생님께 상담했어.

리얼 설문 조사

친구들은 어떻게 생각해?

Q1. 당신의 특기는 무엇인가요?

- 코밑과 아랫입술 밑에서 동시에 연필을 끼는 것. (초6)
- 그림 그리기. (초4)
- 훌라후프. (초4)
- 피아노, 서예, 구기 종목. (초5)
- 그림 그리기, 노래 만들기, 포즈 취하기. (초5)
- 재미있는 일 생각하기. (초6)
- 역 이름을 순서대로 외우기. (초6)
- 바느질, 요리. (중1)
- 합창이나 아카펠라로 노래하기. (중1)
- 연극 등의 대사를 바로 외우기. (중1)
- 기타, 드럼, 댄스, 애니메이션 덕질. (중3)
- 클라이밍, 메이크업. (중3)

Q2. 장래의 꿈이 있나요?

중학생이 되면 확실한 꿈도 생기는구나.

중학생
- 아직 잘 모른다 7%
- 확실히 있다 43%
- 어느 정도 있다 50%

특기나 취미를 찾는 방법

#생각해 보자!

특기는 당신의 '좋아한다, 궁금하다'에서 시작돼요. 어떤 일이든 OK.
'궁금하다 ➡ 열중한다 ➡ 잘한다'로 특기나 장래의 직종으로도!

고민 15

특기가 없어… 미래의 꿈이 없어……

디저트는 보는 것도 먹는 것도 좋아해♪

맛있는 디저트 만들기에 빠졌어!

과자 만들기를 추구하다 보니 파티셰로!

눈에 보이는 것에 관심을 가지고 도전!

좋아하는 일이나 궁금한 것이 없다면 공부나 반장, 학교 행사, 봉사 등 무엇이든 관심을 가지고 해 보세요. 관심을 가지다 보면 궁금한 점이 생길 테고, 그것이 좋아하는 계기가 될지도 모르니까요.

사육 담당이 되어 구피(열대어)를 돌보게 되었어요.
"열심히 돌보자~!"
"그렇다면 구피에 관한 책을 읽어 보자!"
"흐~음. 수컷이 화려하고 암컷이 무늬가 없구나. 이거 재미있을지도?"

단점이나 못한다고 생각한 게 특기일지도?

친구들과는 다른 부분이나 단점, 못한다고 생각하는 일이 실은 특기를 찾는 힌트가 될 수도 있어요. 친구들과 다르다는 것은 멋진 일이에요. 자기 자신을 좀 더 좋아해 보세요.

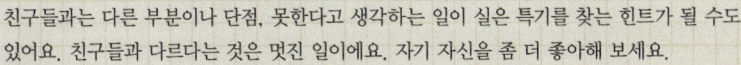

 선생님께 수다 떤다고 혼났어요. ▶ '말하는 것'이 특기일지도?

 늘 혼자서 책을 읽고 있어요. ▶ '집중력, 지식을 습득하는 일'이 특기일지도?

 내성적이고 남들과 말을 잘 못해요. ▶ '섬세한 관찰력'이 특기일지도?

소중한 이야기

공부도 훌륭한 특기!

연습

집중력, 이해력, 정리하는 능력, 암기력 등 공부하기 위해서는 여러 가지 능력이 필요해요. 당신이 열심히 몰두하는 일은 어떤 것이든 훌륭한 특기가 될 수 있어요. 좋아하는 공부를 더 깊이 추구해서 학자나 박사, 연구원, 선생님이 된 사람들도 많이 있어요.

장래의 꿈을 찾는 방법

여러분은 '가능성 덩어리'예요! 장래에는 무엇이든 될 수 있어요!
큰 꿈을 자유롭게 많이 가졌으면 좋겠어요.

지금은 아직 조급할 필요 없어요!

이 세상에는 셀 수 없을 만큼 많은 직업이 있어요. 그리고 당신에게 맞는 직업도 분명 있어요. 장래의 꿈이 없다고 해도 아직은 초조해할 필요 없어요. 우선 이 세상에 있는 다양한 직업을 인터넷으로 알아보는 건 어때요?

예를 들면… 이 책을 만들거나 협조하고 있는 분들의 직업

- 만화가　• 일러스트레이터　• 디자이너　• 편집자　• 책 영업 사원　• 서점의 직원　• 의사
- 심리치료사　• 스포츠 인스트럭터　• 헤어스타일리스트　• 네일 아티스트
- 정리 수납 어드바이저　• 스타일리스트　• 헤어 메이크업　• 보컬 인스트럭터

당신이 시간 가는 줄도 모르고 하는 일은?

'시간이 가는 줄도 모르고 몰두할 수 있다.' = '당신이 좋아하는 일'이겠죠?
이 '좋아하는' 것에서부터 연결되는 직업이나 활동을 알아보면 힌트가 될 거예요.

먹는 것을 좋아해요!

요리사, 요리 연구가, 푸드 코디네이터, 영양사, 식품 개발, 푸드 라이터

게임을 좋아해요!

일렉트로닉 스포츠 선수, 게임 제작자, 게임 디자이너, 게임 라이터

매일 자유라면 무엇을 하고 싶어?

만일 "매일 학교 안 가도 돼. 자유로운 시간 보내." 하는 말을 들으면 하고 싶은 일이 있나요? 물론 노는 일도 OK예요. 이런 질문을 받았을 때 나오는 대답이야말로 바로 당신이 '좋아하는 일이나 몰두할 수 있는 일'. 장래의 꿈과 관련이 있을 수도 있겠죠? 공부, 스포츠, 배우고 싶은 것, 놀이, 취미, 어떤 일이든 몰두해 보세요!

고민 해결 — 방귀나 변비가 신경 쓰여요……

우리들의 이 고민은 클리닉(병원) 선생님께 상담했어.

리얼 설문 조사 — 친구들은 어떻게 생각해?

Q1. 방귀나 변비로 곤란한 점은?

- 방귀에서 독한 냄새가 나요. (초4)
- 방귀 소리가 커요. (초5)
- 변비 때문에 배가 아파요. (초5)
- 친구들 앞에서 조그맣게 방귀 소리가 났는데 다들 들었대요. (초1)
- 변비 때문에 배가 약간 나온 것 같아요. (초6)
- 소리 없는 방귀는 냄새가 독해요. (초5)

Q2. 학교에서 방귀가 나오려 한다면?

- 화장실에 가서 뀌어요. (중3)
- 소리가 나지 않게 조금씩 뀌어요. (중1)
- 여학생들만 있을 때는 '방귀 뀐다~.'라고 말하고 뀌어요. 참으면 배가 아파서요……. (중3)
- 아무도 없는 곳에 가요. (중1)

소중한 이야기 — 방귀는 왜 나오나요?

방귀는 장내에 쌓인 가스. 장내에 있는 균이 음식물을 분해할 때 생기는 가스가 방귀예요. 방귀가 나오는 것은 지극히 자연스러운 현상이고 어떤 사람이든 하루에 10~20번은 뀌게 되어 있어요. 방귀를 장시간 참으면 건강에 안 좋으니까 화장실에 가서 물을 내리면서 뀌도록 해요.

방귀의 고민 Q&A

#공부합시다!

사람이라면 누구나 뀌는데도 실은 다들 잘 모르는 것이 방귀.
방귀를 안다는 것은 나의 몸 상태를 안다는 거예요.

고민 16

방귀나 변비가 신경 쓰여요……

Q 방귀 냄새가 아주 독해요……

냄새가 독한 방귀와 냄새가 나지 않는 방귀의 차이는 바로 장의 상태. 냄새가 독한 방귀가 나올 때는 대장 안에 좋은 균보다 나쁜 균이 많아서 악취가 나는 가스를 배출하기 때문이에요. 나쁜 균은 단백질이나 지방분을 먹고 증식하기 때문에 채소를 먹지 않고 고기만 먹으면 방귀 냄새가 독해져요.

냄새가 없는 방귀가 나올 때의 대장
좋은 균이 많은 상태

냄새가 독한 방귀가 나올 때의 대장
나쁜 균이 많은 상태

냄새가 독한 방귀를 줄이려면…… 대장 내의 좋은 균을 늘리는 음식을 섭취!
요구르트 / 낫토 / 된장국 / 우엉 / 양배추 / 시금치 / 당근 / 고구마
식이섬유가 많이 들어간 채소

Q 방귀가 쌓여서 괴로울 때는?

장내에 쌓인 방귀를 한시라도 빠르게 배출하는 것이 급선무.
그림처럼 양팔과 양다리를 바닥에 대고 항문이 위를 향하도록 해 봐요. 방귀가 올라와요. 평상시부터 방귀가 쌓이지 않게 해야 해요.

이 자세를 유지해요!

덤 이야기 — 고구마와 방귀의 관계

고구마를 먹으면 방귀가 많이 나온다는 이야기는 사실이에요. 고구마 속에는 전분과 식이섬유가 풍부한데, 이것이 장운동을 활발하게 해서 방귀가 많이 나오게 되는 거지요. 고구마를 먹고 나오는 방귀는 냄새가 안 나는 좋은 방귀예요. 변비를 해소하는 효과도 있어요.

방귀가 나올까 봐 걱정되지 않아?
근데 이렇게 고구마를 많이 먹으면…

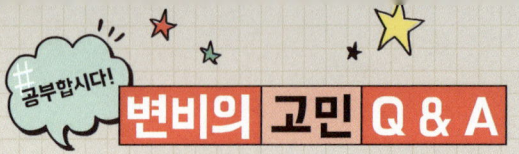

변비의 고민 Q&A

심한 변비로 고민하는 초등학생은 그리 많지 않을지도 몰라요. 다만 조심하지 않으면 변비에 걸릴 수도 있는 친구들은 많을지도. 규칙적인 생활 습관으로 변비를 예방하세요.

Q 어떤 상태를 변비라고 하나요?

이런 증상이 있는 친구는 '변비'예요!

- ☑ 3일 이상 똥이 안 나오는 일은 다반사.
- ☑ 똥을 쌀 때 똥이 딱딱하고 항문이 아파요.
  (토끼 똥 모양의 작고 딱딱한 똥이 나와요.)
- ☑ 배에 가스가 차서 아프고 배가 팽팽해져서 고통스러워요.

똥이 대장에 쌓인 채야!

변비 상태인 대장

Q 왜 변비에 걸려요?

안 좋은 생활 습관이나 스트레스로 인해 대장의 운동 기능이 약해져 똥이 대장에 쌓이게 되는 것이 원인. 대장에 똥이 쌓이게 되면 나쁜 균들이 늘어나서 더 안 좋은 상태가 돼요.

 ▶ **안 좋은 생활 습관** | 균형 잃은 식사 (채소 부족) | 수면 부족 | 운동 부족 | 스트레스 ▶

Q 변비를 개선, 예방하고 싶어요.

균형 잡힌 식사와 수면, 운동을 계속하면 변비는 개선돼요. 장운동에 도움이 되는 체조도 있으니 해 보세요. 변비가 심한 친구는 가족과 상담하세요.

 미니테크닉 똥이 안 나올 때는 장운동에 도움이 되는 체조를!

이 상태에서 책을 읽는 것도 좋아요.

왼쪽 옆구리가 쭉 늘어나 있는 것이 포인트!

❶ 팔과 다리를 쭉 뻗고 배를 바닥에 대고 누워요.
❷ 배꼽 아래쪽으로 신경을 집중시키며 몸을 좌우로 데굴데굴 반복. 10회 정도 흔들어요.

❶ 왼손을 높이 올려요.
❷ 그대로 왼손을 가능한 한 멀리 뻗어서 머리 쪽으로 구부려요.
❸ 이 상태를 30초 동안 유지해요. 한쪽만이에요.

고민 해결 ★ 더 많이 러블리해지고 싶어요 ♡

고민 17 더 많이 러블리해지고 싶어요 ♥

우리의 이 고민은 헤어 메이크업 전문가에게 상담했어.

리얼 설문 조사 — 친구들은 어떻게 생각해?

Q1. 화장한 적이 있나요?

초등학생
- 한 적 있다 58%
- 안 한다 18%
- 쉬는 날에 하고 있다 12%
- 매일 하고 있다 8%
- 방학 때 하고 있다 4%

중학생
- 쉬는 날에 하고 있다 79%
- 안 한다 21%

소중한 이야기 — 초등학생은 화장을 해도 돼? 안 돼?

화장한다면 어디까지나 포인트 & 심플하게. 성장기인 여러분의 피부는 몹시 불안정하기 때문에 여드름이 생기거나 건조해지기 쉬워요. 그래서 어른들처럼 진하게 화장하는 것은 추천하고 싶지 않아요. 화장은 피부에 부담이 되고 화장하는 시기가 이를수록 피부의 노화도 빨라져요. 또, 화장한 날은 꼭 클렌징 제품 등으로 깨끗이 지우도록 해요.

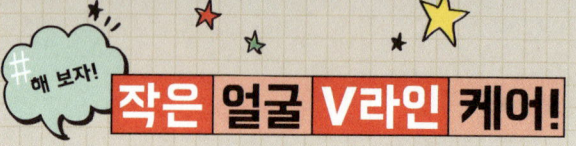

작은 얼굴 V라인 케어!

얼굴이 작으면 눈이 커 보이고 몸매가 날씬해 보인다는 효과도 있어요!
부기를 빼거나 얼굴의 근육을 단련시켜 작은 얼굴 V라인을 만들어요!

부기를 빼는 마사지

부기란?

불필요한 수분이나 노폐물이 피부 아래로 쌓여 있는 상태. 부기가 있으면 얼굴이 커 보여요.

붓는 원인

스낵이나 짠 음식을 많이 먹었을 때, 운동 부족이나 몸이 차서 혈액 순환이 안 좋을 때도 부어요.

마사지 방법

❶ 마사지는 세안 후에, 손가락 부분에 크림이나 베이비오일을 발라 주세요. ❷ 손은 주먹 쥔 상태에서 손가락 부분을 얼굴에 대 주세요. ❸ 오른쪽 그림과 같은 순서와 방향으로 원을 그리면서 얼굴 중앙부터 귀 쪽으로 이동해 주세요. 약간 아프지만 시원하다고 느낄 정도로 지긋이 누르면서 주먹 쥔 손을 옆으로 이동시켜요!

1 얼굴 라인(턱) ➡ **2** 볼 전체 ➡ **3** 이마 ➡ **4** 목덜미(위에서 아래로) 순으로 마사지.

아이우에오 체조

'아이우에오'를 입을 크게 벌리면서 발음해 주세요. 거울을 보고 입 모양을 확인하면서 하루에 한 번씩 해 보세요. 얼굴이 아플 정도로요!

 전체적으로 크게.
가/나/다/라/마 바/사/아 의 입

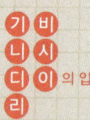 옆으로 당겨요.
기/니/디/리/미 비/시/이 의 입

 앞으로 내밀어요.
구/누/두/루/무 부/수/우 의 입

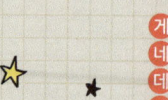 아래턱에 힘이 들어가요.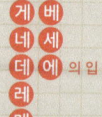
게/네/데/레/메 베/세/에 의 입

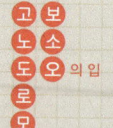 입을 오므려요.
고/노/도/로/모 보/소/오 의 입

포인트 메이크업으로 귀엽게

포인트 메이크업만 해도 훨씬 귀여운 이미지를 연출할 수 있어요!
올바른 화장법과 포인트를 잘 알고 해 보세요.

고민 17

더 많이 러블리해지고 싶어요 ♥

1 눈썹 다듬기

눈썹용 가위를 이용해서 불필요한 눈썹들을 자르기만 해도 깔끔한 이미지로.

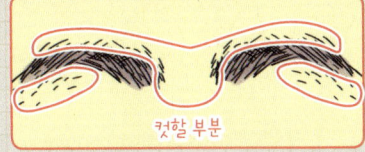

컷할 부분

2 뷰러

❶ 눈살을 집지 않도록 주의하면서 뷰러에 속눈썹 뿌리 부분까지 넣은 다음, 손잡이에 낀 중지에 3초 정도 힘을 주고 속눈썹 뿌리 부분을 집어 올려 주세요. ❷ 그다음 속눈썹 중간쯤을 똑같이 집어 올려 주세요. ❸ 마지막으로 속눈썹 끝부분도 똑같이 집어 올려 주면 완성!

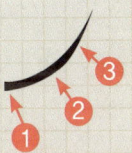

엄지, 중지를 잡는 구멍에 넣어요!

3 투명 마스카라

투명 마스카라는 눈 밑이 까맣게 되지도 않고 윤기가 나기 때문에 좋아요. 속눈썹 뿌리 부분부터 끝부분을 향해 위로 올리듯이 브러시를 움직여요. 뷰러로 컬링한 다음에 해요.

뿌리 부분 컬링

뷰러를 잡은 손은 입 근처.

중간, 끝부분 컬링

뷰러를 잡은 손은 코 근처.

4 립스틱

❶ 그림과 같은 순서와 방향으로, 립 라인 바깥으로 벗어나지 않도록 발라요. ❷ 약지 손가락으로 입꼬리 부분을 톡톡 두드려 주면 예쁘게 마무리돼요.

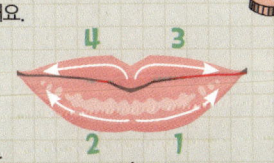

5 블러셔

❶ 블러셔를 브러시에 덜어 낸 다음 손등으로 양을 조절해요. ❷ 웃었을 때 볼이 가장 높아지는 부분을 중심으로 브러시를 2~3번 사선으로 움직여 주세요.

집 근처에 사는 오빠인데…

귀엽다는 말을 듣고 싶어서 지금까지 노력했었어.

근데 좋아한다는 말은 좀처럼 못 했어.

그러다 그 사람에게 여자 친구가 생겨서…….

남자애들이 고백해도 거절하는 건 좋아하는 사람이 있어서였구나…….

그 사람이랑 여자 친구랑 사이가 너무 좋아서 괴로워

좋아한다고 말했더라면 뭔가 변했을까… 하는 생각도 해.

어쩔 수 없네~.

살짝 어드바이스 해 줄게!

……. 다카하시는 후회하지 않게 힘냈으면 해.

근데 무슨 말을 해야 할지 모르겠어…….

긴장해서 말도 잘 안 나와…….

이 해결 방법은 180페이지부터 소개

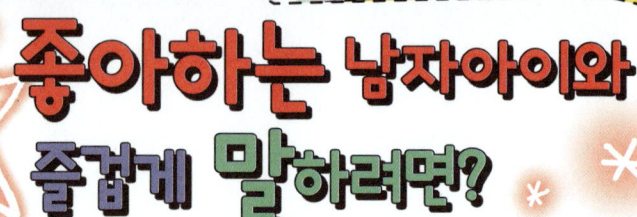

좋아하는 남자아이와 즐겁게 말하려면?

고민 해결

다카하시의 이 고민은 심리 치료 센터 선생님께 상담했어.

리얼 설문 조사

친구들은 어떻게 생각해?

Q1. 좋아하는 남자아이와 이야기할 수 있나요?

사랑에 적극적인 친구들이 많네. 좋은 일이야~

- 네 54%
- 아니요 13%
- 좋아하는 남자아이가 없다 33%

소중한 이야기

좋아하는 남자아이 앞에서 긴장하는 이유

좋아하는 남자아이 앞에서 긴장하는 것은 '싫어하면 어쩌지?', '예쁘게 봐 줄까?', '나 이상하지 않나?'라는 불안한 마음 때문이에요. 상대방에게 호감을 주고 싶은 만큼 긴장하게 되는 법. 매우 자연스러운 일이에요.

 긴장감을 완화하는 방법

- 가슴에 손을 얹고 크게 3번 심호흡을 해요.
- '싫어하면 어쩌지?'보다 '이야기해서 기뻐!'라고 생각해요!
- 긴장하고 있다고 말해 버리면 분위기가 부드러워질 수도!
- 다른 친구들이랑 같이 이야기하면 긴장이 풀려요!

호감도 UP! 대화 테크닉

좋아하는 남자아이와 즐겁게 대화할 수 있으면 최고로 행복하겠죠?
상대방에게 호감을 줄 수 있는 대화 포인트를 알려 줄게요.

고민 18 — 좋아하는 남자아이와 즐거운 게 말하려면?

미소로 말하고 듣는다!

남자아이들은 여자아이의 미소에 설레는 법. 밝은 미소로 말하거나 경청한다면 그것만으로도 호감을 줄 수 있어요. 누구든 웃는 얼굴은 예쁘니까 자신감을 가져요!

자연스러운 미소 짓기

눈꼬리가 조금 내려가고 초승달을 눕힌 모양.

입꼬리가 올라가고 이가 보인다.

리액션을 잘 해요!

듣는 사람의 반응이 좋으면 말하는 사람은 기분이 좋아져요. "응, 응." 하고 끄덕이는 것만도 OK!

미니테크닉 — 리액션 이모저모

이런 말들을 자주 써 봐요.
리액션을 잘할 수 있어요!

- 역시!
- 그건 몰랐어!
- 대단해~!
- 센스 있네!
- 그렇구나~!

자꾸 질문해 보자!

재미있는 이야기는 못 해도 듣는 것을 잘한다면 OK! 상대방의 이야기를 자세히 취재한다는 마음으로 질문을 하면 많은 대화를 할 수 있어요.

> 저번 일요일에 동생이랑 게임을 했는데, 재미있었어.

> 그렇구나~.
> 어떤 게임을 했는데?

> 축구 게임.
> 팀을 만들어서 싸우는 거야!

> ●●는 축구를 좋아했었지~!
> 팀을 만든다는 건 뭐야?

이건 NO!

● **다른 남자아이와 비교하는 말**
남자아이들은 남들과 비교당하는 것을 아주 싫어해요. '●●는 할 수 있는데'라는 말은 NG!

● **내 이야기만 하는 것**
상대방은 잘 모르는 내용인데 나만 흥분해서 이야기하는 일이 없도록 해요.

● **거친 말투**
'바~보', '짜증나', '쩐다', '헐' 등 거친 말투는 하나도 안 귀여워요. 당신을 피하게 될지도 몰라요.

좋아하는 남자아이와 친해지자

기다리기만 해서는 사랑은 시작조차 하지 않아요. 좋아하는 남자아이와
친해지고 싶다면 지금보다 조금만 용기를 내 봐요!

아직 이야기할 관계가 아니라면

우선 나를 알리는 것부터 시작하자. 말할 계기를 만들어요!

♥ 자꾸 상대방 시야 속에 들어가자!

♥ 인사만이라도 해 보자!

♥ 눈이 마주치면 방긋 웃어요!

좋아하는 남자아이

저 아이, 요즘 자주 보이네……

쉬는 시간에는 그 아이의 교실 앞에서 수다 떨기!

이야기할 정도의 관계라면

좋아하는 남자아이에게 '다른 여자아이들보다 특별한 존재'가 되는 것이 목표!

♥ 좋아하는 그 아이에 대해 조사! (취미, 좋아하는 일 등)

요시다의 친구
요시다는 카드 게임 진짜 잘하네!

뭐…, 카드 게임 좋아하니까!

요시다

요시다는 카드 게임을 좋아하는구나…….

♥ 좋아하는 그 아이에게 좋아하는 일에 대해 이야기해 보자!

나
×××라는 캐릭터 카드는 희귀 아이템이지?

어? ●●, 잘 아네! 나 그 카드 갖고 있어!

요시다

좋아한다면 적극적으로 행동해 봐요

여자아이는 몸도 마음도 빨리 성장하기 때문에 '누군가를 좋아한다'는 감정도 여자아이가 먼저 느끼기 시작하지요. 또, '저기 둘이 이야기하고 있네.', '열렬하네~.' 등 장난치고 떠드는 남자아이도 많아서, 당신이 좋아하는 아이가 쌀쌀맞은 태도를 취하거나 친구들 앞에서는 피할 수도 있지만 신경 쓰지 마세요. 좋아하는 남자아이가 있다면 당신이 먼저 적극적으로 행동해야 사랑을 이룰 수 있어요.

친구들의 리얼 사랑 이야기

여자아이들이 모이면 어느새 시작하는 '사랑 이야기'.
초등학생 친구들이나 여중생 선배들에게 들은 리얼한 설문 조사 결과를 토대로
사랑 이야기를 좋아하는 이 네 명의 소녀들이 수다를 시작해요.

 안나  린  리코  시즈쿠

린 우린 사랑 이야기 진짜 좋아해! 시간만 있으면 늘 하는 것 같지만, 사랑 이야기는 해도 해도 끝이 없어~.

안나 맞아~. 좋아하는 사람이 오늘 뭘 하고 있었는지, 그 사람에 대한 내 마음이라든지 누군가가 들어 줬으면 하지.

리코 특히 린이 좋아하는 것 같은데? 누가 누구를 좋아하는 것 같다든지, 고백했다든지, 차였다든지……. 소문 같은 거?

린 에~ 그러면 안 돼? 그런 얘기 재미있잖아. 아! 맞다, 소문이라고 하면 2반의 모나가 저번에 방과 후에…….

시즈쿠 잠깐, 그 이야기는 다음에! 친구들의 설문 조사를 빨리 보자구~! 첫 번째 설문 조사 결과는 '당신의 사랑의 상황'에 대해. 친구들이 요즘 어떤 사랑을 하고 있는지 물어 봤어요!

린 흐음~. 여러 가지 있네. 근데 초등학생 중 반 이상이 '좋아하는 사람은 없는' 것 같대.

시즈쿠 나도 이거야. 지금까지 좋아하게 된 사람은 없었어. 그래서 남자아이를 보고 가슴이 두근거린다는 느낌을 잘 모르겠어.

안나 이것 봐~! '서로 좋아하는 건지도?'라는 친구들도 꽤 있는데. '내가 좋아하는 사람도 나를 좋아하는 것 같은데, 혹시 서로 좋아하나!?'. 그런 상황이면 정말 기쁘고 행복할 것 같아~.

리코 중학생이 되면 '좋아하는 사람은 없다'는 사람은 줄고 '짝사랑 중'이라든지 '실연 중'이라는 사람이 느네.

린 진짜네~. 언니가 예전에 이야기한 적이 있어. 중학생이 되면 남자아이들이 갑자기 키가 커지고 멋있어진다더라. 그리고 선배들은 어른스러워서 좋아 보인대.

시즈쿠 그렇구나~. 나도 중학생이 되면 좋아하는 사람이 생길까?

Q1. 당신의 사랑에 대해 말해 주세요.

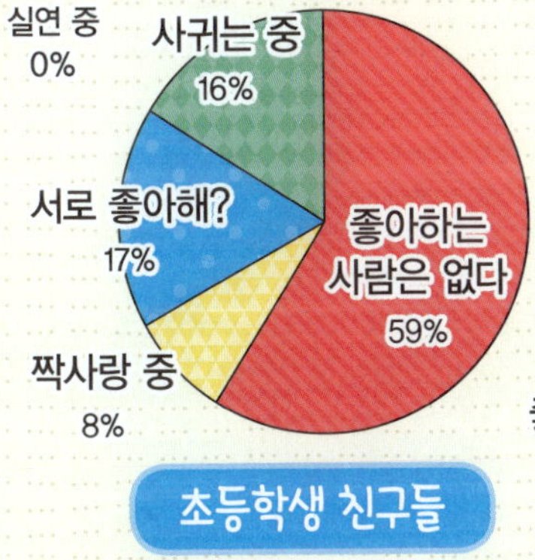

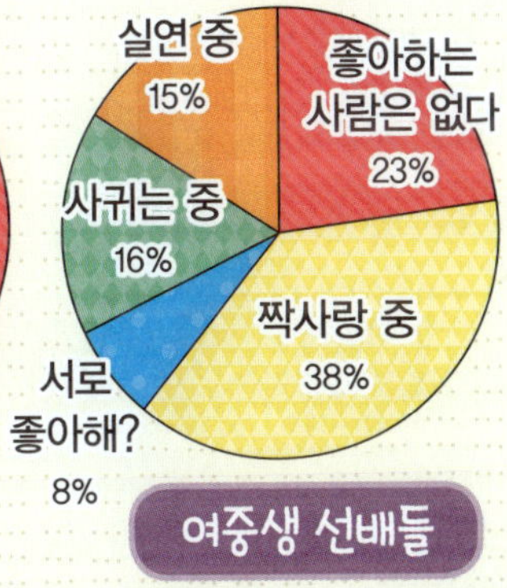

초등학생 친구들
- 실연 중 0%
- 사귀는 중 16%
- 서로 좋아해? 17%
- 짝사랑 중 8%
- 좋아하는 사람은 없다 59%

여중생 선배들
- 실연 중 15%
- 좋아하는 사람은 없다 23%
- 사귀는 중 16%
- 짝사랑 중 38%
- 서로 좋아해? 8%

Q2. 사랑을 했을 때 그 사람의 어디를 좋아했나요?

✏️ 너무 많은데, 성격이 밝고 귀여운 구석도 있고 친절하고 나를 놀리기도 하고 재미있고. (초6)

✏️ 얼굴이랑 성격이 너무너무 제 이상형이었어요. 운동을 엄청 잘하고 멋졌어요. (초4)

✏️ 그 사람은 나보다 연상인데 같이 있으면 동생처럼 장난치거나 귀여워지는 것. (초6)

✏️ 재미있는 이야기를 많이 해요. 같이 이야기하면 편해요. (초6)

✏️ 내가 좋아하는 사람은 잘생기고 친절하고 유머가 있는 사람이에요. (초4)

✏️ 서로 좋아하는 게임이 같아서, 그 이야기를 하면 너무 재미있어서 좋았어. (초6)

✏️ 얼굴이 잘생겼고 항상 밝아요. (초6)

✏️ 편안하게 이야기해 주고 친절한 점. (초5)

시즈쿠 다음 설문 조사는 '좋아하는 사람의 어디를 좋아하게 됐는지?'라네.

안나 나는 위에서 세 번째 의견 이해돼. 길 가다가 강아지를 보고 좋아하거나, 아이스크림이나 과자를 먹고 당첨되는 날에는 텐션이 엄청 높아지고~.

린 안나가 좋아하는 사람은 어릴 때부터 아는 오빠였지? 나는 첫 번째 의견에 정말 공감해. 나도 료마의 어디가 좋은지 말하기 시작하면 끝이 없지. 우선 얼굴 잘생겼지~. 운동 신경 좋지~. 게다가 웃는 얼굴은 너무 귀여워. 이야기도 재미있게 하고 친절하고……

리코 네, 네. 알았으니까 이제 그만. 나는 여섯 번째 의견이 이해가 돼. '좋아하는 사람과 좋아하는 것이 같다'면 기쁠 것 같아.

시즈쿠 그건 나도 동감이야.

Q3. 남자아이를 보고 심쿵하는 순간이란 어떨 때?

- 옆자리의 남자아이(좋아하는 사람)가 지우개를 안 가져와서 내 지우개를 쓰고 있었을 때 이야기야. 둘 다 동시에 지우개를 잡으려다 손이 겹쳤는데 그때 완전 심쿵했어. (초6)

- 교실에서 남자애가 나한테 말을 걸었을 때 심쿵♥ (초6)

- '내가 강에 빠졌을 때 나를 구하러 물에 뛰어 들어와 준다.' 이건 상상일 뿐이지만 실제로 그렇게 된다면 정말 심쿵할 것 같아. (초6)

- 친구들이랑 장난치다가 혼자서 웃고 있을 때 귀여워서 심쿵. 운동으로 활약하고 있을 때 멋있어서 심쿵. 장난으로 나를 놀릴 때 가슴이 두근거려서 심쿵. (초6)

- 내가 반장 일로 곤란해하고 있는데 슬쩍 와서 도와줬을 때. (초6)

- 방긋 웃을 때. (초6)

- 잘생긴 이상형을 만났을 때. (초6)

시즈쿠 그리고 다음 설문 조사는 '남자아이를 보고 심쿵하는 순간'이야!

리코 첫 번째 의견은 진짜 있었던 이야기가 봐. 완전 만화 같아! 반에서 자리를 바꿨는데 좋아하는 남자애랑 짝꿍이 되면 정말 기분 좋아지. 가슴이 두근거려서 수업에 집중하지 못하는 것이 문제지만…….

린 진짜네. 심쿵하겠네~. 좋겠다~. 나도 심쿵하고 싶다!

안나 네 번째 의견을 쓴 사람은 상대방을 진심으로 좋아하는 것 같아~. 그 사람을 눈으로 찾아다니면서 그 사람이 무엇을 하든 늘 심쿵하고 있겠지. 아마.

시즈쿠 나는 다섯 번째 의견처럼 되고 싶어. 곤란할 때 슬쩍 와서 도와줬다니, 나를 걱정하고 지켜보고 있었다는 거잖아. 멋져!

린 응, 진짜 그것도 좋네~♥

시즈쿠: 다음은 '좋아하는 사람에게 고백한 적이 있는가?'야!

안나: 절반이 '아니요'네. 이해돼~. '고백해서 실패하면 어떡해!' 하고 생각하면 아무래도 용기가 안 나지……

리코: 맞아~! 그리고 상대방이 눈앞에 있으면 가슴이 두근거려서 말을 못 할지도. 내 마음을 편지에 써서 준다면 괜찮을 것 같아~.

시즈쿠: 반대로 '남학생에게 고백받은 적이 있나요?'라는 질문도 해 봤어.

린: 대단해~. 절반 가까운 친구들이 '고백받은 경험이 있음'이래. 어떤 상황이었을까? 궁금해~!

시즈쿠: 세 번째 의견도 대단하네. 퀴즈 정답이 나였다니, 쑥스러워. 이 친구는 끝까지 몰랐을까? 아니면 중간에 약간 알아챘을까?

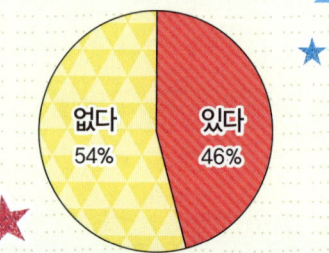

Q5. 남학생에게 고백받은 적이 있나요?

- 없다 54%
- 있다 46%

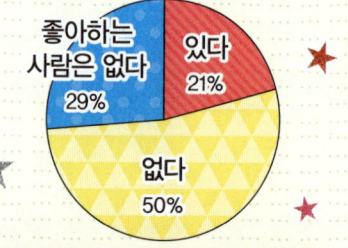

Q4. 좋아하는 사람에게 고백한 적이 있나요?

- 좋아하는 사람은 없다 29%
- 있다 21%
- 없다 50%

어떤 식으로 고백받았나요?

- 친구가 어떤 남자애가 나를 좋아한다는 말을 들었다고 해서 본인에게 물어봤더니 "맞아, 좋아해." 하고 말해 줬어요. (초4)
- 수업 중에 슬쩍 고백받았어요. (초6)
- '내가 좋아하는 사람은 누구라고 생각해?'라는 퀴즈가 나와서 다른 친구들 이름을 여러 번 댔는데 정답은 나였어요. 나도 좋아했으니까 기뻤어요. (초6)

어떤 식으로 고백했나요?

- '좋아해요. 나를 몇 번째로 좋아하나요?' 편지에 이렇게 써서 줬어요. (초4)
- 오랫동안 좋아했던 사람에게 고백을 받아서 '나도 당신의 ●●●한 점이 ×××였어. 좋아해!'라고 마음을 전했어요. (초6)
- 직접 말하지 못하니까 친구한테 부탁해서 물어봤더니 상대방도 나를 좋아한다고 했어요! (초5)

시즈쿠 계속해서 간다~. 다음은 '성공한 고백'에 대해. 이건 중학생 선배들의 응답이야.

리코 선배들 대단해. 첫 번째 의견에서, 귓속말로 '좋아해.' 하고 고백한다는 건 듣기만 해도 가슴이 두근거려.

린 '문자로 사랑 노래 가사를 보내기'는 우리 언니도 전에 말했어. 사랑 노래 가사는 직설적이고 아름다운 말이라서 나도 모르게 심쿵한다고.

시즈쿠 다음은 '밸런타인데이 때 좋아하는 사람에게 초콜릿을 준 적이 있나요?'래.

안나 절반 정도가 '준 적이 있다'네. 그냥 말하는 것보다 쉬울 수 있지. 나도 매년 몰래 주긴 주는데…….

리코 직접 주는 친구들이 생각보다 많네. 나는 긴장해서 못 해~. 집 우편함에 넣는 게 최선이야.

Q7. 밸런타인데이에 초콜릿을 준 적 있나요?

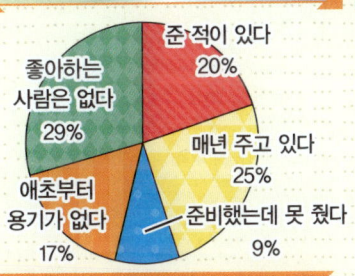

- 준 적이 있다 20%
- 매년 주고 있다 25%
- 준비했는데 못 줬다 9%
- 애초부터 용기가 없다 17%
- 좋아하는 사람은 없다 29%

어떤 식으로 줬나요?

- 직접 만든 초콜릿을 좋아하는 사람의 집 우편함에 넣었어요. (초6)
- 집으로 찾아가 줬어요. (초5)
- 학교에서 직접 줬어요. (초6)
- 포장지에 'I Love you'라고 써 있는 초콜릿을 집으로 찾아가 직접 줬어요. (초6)
- 짝사랑 중인 남자애하고 같이 놀 때 직접 만든 초콜릿을 줬어요. (초6)

Q6. 성공한 고백에 대해 말해 주세요!

- 좋아하는 남자아이가 혼자인 것을 확인한 후 귓속말로 '좋아해.'라고……. (중1)
- '오래전부터 좋아했어.'라고 쓴 편지를 좋아하는 남자애 집 우편함에. (중2)
- '……미안, 너를 좋아하게 됐어. 대답은 나중에 줘도 되니까 계속 너를 좋아해도 돼?'라고 고백했어요. (중3)
- 문자로 좋아하는 가수의 사랑 노래 가사를 보냈어요. 읽고 심장이 쿵 할 만한 가사를 보낸 다음 "이게 내 솔직한 마음이야."라고 고백했어요. (중2)

시즈쿠 다음은 더 재밌을 것 같아! '좋아한다면 어떻게 행동하나? 호감 테크닉'에 대해서야.

안나 '상대방이 고백하게 만든다'는 친구들도 많네. 연애 고수! 작은 악마들! 대단해~!

린 뭐!? 상대방이 고백하게 만든다니, 어떻게? 알고 싶어~! 가르쳐 줘~!!

안나 흠. 그러니까 그건 중학생 선배들이 쓴 '호감 테크닉'처럼 하면 되지 않을까?

린 그렇구나~. 그렇게 하면 되는구나~!

안나 '호감 테크닉'이라고 하면 왠지 앙큼한 것 같지만 결국 내가 더 적극적으로 남자아이와의 거리를 줄이자는 것 아니겠어? 행동하지 않고 우물쭈물하는 친구들보다 남자아이와 적극적으로 친해지려는 친구들이 더 사랑의 기회가 많을 것 같지 않아?

리코 그건 그런 것 같아. 역시 우리 학년에서 가장 인기 많은 사람다워!

Q8. 당신은 이성에게 인기가 많나요, 없나요?

사랑을 하게 된다면?

- 내가 고백한다 17%
- 상대방이 고백하게 만든다 33%
- 아무것도 하지 못한다 21%
- 좋아하는 사람은 없다 29%

당신의 호감 테크닉을 알려 주세요!

- 이성에게 인기 많은 친구가 "○○는 이상형이 뭐야?"라고 남자에게 물어보는 걸 들었어요. 사랑 이야기를 하다 보면 친해지는 것 같아요. (중1)

- 유행하고 있거나 새로운 아이템을 가져가서 그것에 대해 다양한 친구들이랑 이야기해요. (중3)

- 여자아이들이랑 말할 때와 같은 태도로 말하고 재미있는 이야기를 해요. 그리고 친절하게 해요. (중1)

- 가능한 한 늘 미소로. (중2)

- 남자아이들과 장난을 쳐요. (중1)

- '먼지 붙어 있어.'라면서 머리카락을 만지거나 체육 끝나고 '모래 묻었어.'라고 하면서 등을 만지거나. 자연스럽게 터치해요. (중2)

Q9. '사랑'과 '우정', 어느 쪽을 선택해요?

친구랑 같은 사람을 좋아해 본 적이 있나요?

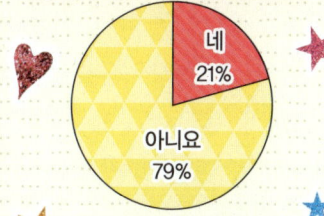

네 21%
아니요 79%

친구랑 같은 사람을 좋아하게 된다면?

- 친구가 라이벌이라고 해도 포기하지 않고 나를 좋아하게끔 노력해요. (중3)
- 나의 '좋아하는' 마음을 소중히 하고 상대방에게 접근해요. (중1)
- 사랑이 잘되든 안되든 서먹서먹해질 것 같아서 내가 포기해요. (중1)
- 그 친구랑 싸우기 싫으니까 내 마음은 비밀로 해요. (중1)
- 그 친구에게 나의 솔직한 마음을 전하고 '서로 힘내자!'라고 말해요. (중2)
- 상대방의 마음에 따라 양보할 때도 있고 아닐 때도 있어요. (중3)

시즈쿠 마지막 설문 조사는 '사랑과 우정, 어느 쪽을 선택해요?'에 대해.

리코 좋아하는 마음도 중요하지만, 친구도 중요해. 나는 세 번째나 네 번째 의견과 같아. 친구가 나랑 같은 사람을 좋아한다는 걸 알게 된다면 포기할지도.

린 그래~? 나는 리코랑 반대. 첫 번째 아니면 두 번째 의견에 찬성. 왜냐하면 좋아하는 마음은 멈출 수 없어. 아~, 근데 리코가 그렇게 된다면 솔직히 말해 줘. 알았지!?

리코 안심해. 나는 료마는 좋아하지 않으니까!

시즈쿠 나는 다섯 번째 의견처럼 하고 싶어. 내 마음을 제대로 전한다면 친구라면 이해해 주겠지. 나한테 숨긴다면 그게 더 슬플 것 같아.

사랑하고 있는 친구들, 힘내! 그렇지 않은 친구들은 멋진 사랑을 찾기를 바라.

친구들의 이것저것 무엇이든 랭킹

네가 해 본 적 있는 메이크업을 알려 줘!

항상 하고 있거나 지금까지 한 적이 있는 메이크업에 대해 물어봤어요!

- 1위 블러셔 (치크)
- 3위 아이라이너
- 5위 페이스 파우더
- 5위 뷰러
- 3위 립글로스
- 1위 립스틱

모두 대단해. 여러 가지 메이크업을 해 봤네~. 나는 해 본 적이 없는데……

립스틱을 바르기만 해도 훨씬 예뻐져. 기분도 좋아지고!

1월 2월 3월의 학교생활

어느새 개학. 이 시기는 친구들과 더욱 깊은 우정을 쌓고 싶어지지? 추운 겨울에는 고민도 많아져서 귀찮아……

1월

고민 19
용돈이나 세뱃돈을 바로 써 버려요.

야마다 니지카 / 마츠모토 유리아

고민 20
나도 모르게 거짓말하게 돼요……

다나카 리코

2월

고민 21
친구들의 사랑 얘기에 따라갈 수가 없어요……

마츠모토 유리아

고민 22
겨울에는 피부가 건조해져요……

요시다 히토미

3월

고민 23
가족들이 무조건 안 된다고 해요.

고바야시 아야노

고민 24
노래방에서 노래를 잘 부르고 싶어요.

사사키 시즈쿠

즐거운 설 연휴는 눈 깜짝할 사이에 지나가고…

오늘은 개학 날입니다!

애들아.

학급 신문 설문 조사에 응해 줄 수 있어?

응! 뭔데!?

당신은 세뱃돈을 어떻게 쓰시나요?

게임이랑 펜, 모자~ 새로운 만화도 갖고 싶은데

만화책, 과자, 스티커

나는 털실, 재봉틀

쿠키 만들기 책 샀어

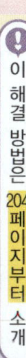

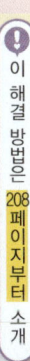

고민 해결: 용돈이나 세뱃돈을 바로 써 버려요

우리들의 이 고민은 파이낸셜 플래너분께 상담했어.

리얼 설문 조사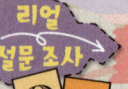

Q1. 돈을 잘 쓰는 편이라고 생각하나요?

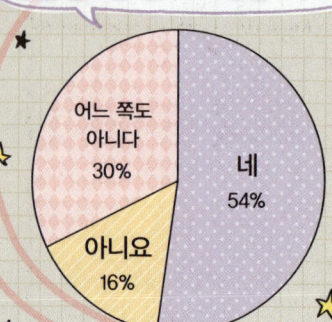

- 네 54%
- 어느 쪽도 아니다 30%
- 아니요 16%

Q2. 세뱃돈은 어떤 일에 쓰나요?

- 정말 갖고 싶고 다음에도 쓸 수 있는 것. (초6)
- 좋아하는 장난감이나 게임 소프트. (초4)
- 네일이나 메이크업 도구, 슬라임. (초6)
- 전액 저금. 장래에 도움이 되니까요. (초6)
- 문구, 책, 친구의 생일 선물. (초6)
- 저금, 아니면 아주아주 갖고 싶은 것. (초6)
- 저금과 배우기 위한 것에. (초5)
- 모두 가족이 관리하고 있어요. (초5)

소중한 이야기: 돈 쓰는 방법을 배우는 것은 중요해요

어른이 되어 독립해서 생활하게 될 때 아주 중요한 '돈'. 이 돈을 쓰는 방법을 용돈이나 세뱃돈을 통해 지금부터 배운다는 것은 아주 의미가 있는 일이에요. 돈이라는 것은 갑자기 어디서 생기는 것도 아니고 일한 대가로 받는 것. 돈의 고마움을 알고 생각해서 쓰는 방법을 알아 두세요.

용돈 기입장을 쓰자!

돈 낭비를 방지하기 위해서는 우선 '어떤 일에', '얼마나 쓰고 있는가'를 아는 것부터.
책의 206쪽을 복사해서 용돈 기입장을 써 보세요.

고민 19 용돈이나 세뱃돈을 바로 써 버려요

1 한 달 치 쇼핑 계획을 세운다

① 갖고 싶은 것, 사야 할 것과 금액을 쓴다.

| • 컬러 펜(핑크) | 120엔 | · 산다 · 안 산다 · 저금해서 산다 |
| • 머리끈과 핀 세트 | 780엔 | · 산다 · 안 산다 · 저금해서 산다 |

② 정말 필요한지, 어떻게 살 것인지를 생각해서 최종 판단하자.

> 용돈이나 저금 내에서 살 수 있을까? 앞으로 돈을 모아서 살까? 역시 필요 없는 건지, 금액도 포함해서 생각하자.

| • 컬러 펜(핑크) | 120엔 | **산다** · 안 산다 · 저금해서 산다 |
| • 머리끈과 핀 세트 | 780엔 | · 산다 · **안 산다** · 저금해서 산다 |

2 돈의 움직임을 기록한다

지난달의 잔액은 가장 위쪽 줄에 써.

날짜	내용	들어온 돈		나간 돈		남은 돈	
		지갑으로	저금통으로	지갑에서	저금통에서	지갑	저금통
	지난달 잔액					50엔	50엔
6/7	용돈	400엔	100엔			450엔	150엔
6/10	스티커			108엔		342엔	

- 돈이 움직인 내용을 쓰자.
- 들어온 돈은 '지갑 / 저금통' 중 어느 쪽에 넣는지 구별해서 이 칸에 써.
- 사용한 돈은 '지갑 / 저금통' 중 어느 쪽에서 썼는지 구별해서 이 칸에 써.
- 지금 남아 있는 돈을 '지갑 / 저금통'으로 나눠서 계산하고 이 칸에 써.

| 합계 | | | | | | 이번 달 잔액 | 저금통 합계 |

한 달의 합계를 계산해서 쓰자.

이번 달의 최종적인 돈을 여기에 써.

□월 (　　　)의 용돈 기입장

쇼핑 예정	갖고 싶은 것, 사야 하는 것	가격	어떻게 해?
	●		·산다 ·안 산다 ·저금해서 산다
	●		·산다 ·안 산다 ·저금해서 산다
	●		·산다 ·안 산다 ·저금해서 산다
	●		·산다 ·안 산다 ·저금해서 산다
	●		·산다 ·안 산다 ·저금해서 산다

날짜	내용	들어온 돈		나간 돈		남은 돈	
		지갑으로	저금통으로	지갑에서	저금통에서	지갑	저금통
/	지난달 잔액						
/							
/							
/							
/							
/							
/							
/							
/							
/							
/							
/							
/							
합계						이번 달 잔액	저금통 합계

확대, 복사해서 노트에 붙여요.

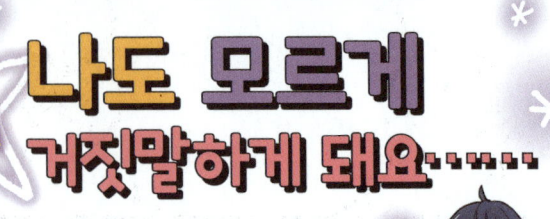

고민 해결: 나도 모르게 거짓말하게 돼요……

나의 이 고민은 심리 치료 센터 선생님께 상담했어.

리얼 설문 조사

친구들은 어떻게 생각해?

Q1. 친구에게 거짓말한 적이 있나요?

- 없다 54%
- 가끔 있다 46%

Q2. 어떤 거짓말을 했나요?

- 친구들이랑 재미있는 이야기를 하려다가 나도 모르게 거짓말하게 돼요. (초6)
- 사랑 이야기를 할 때 좋아하는 사람이 있는데도 마음이 변할 수도 있으니 좋아하는 사람은 없다고 말해요. (초6)
- 친구들에게 맞추려고 모르는데도 아는 척할 때가 있어요. (초6)
- 사소한 거짓말은 자주 하게 돼요. (초5)

Q3. 친구들에게 미움받는 거짓말은 어떤 거짓말?

- 친구를 속이는 거짓말. 들키면 신뢰를 잃을 테니까요. (중3)
- 본인이 했는데도 '몰라요.'라고 하는 거짓말. 금방 들통날 텐데요. (중1)
- '너 죽어'나 '바보'라는 말. 거짓말이라도 상처가 되는 말은 안 돼요. (중2)

뭐……?

그래? 리코는 거짓말 잘하는 것 같은데.

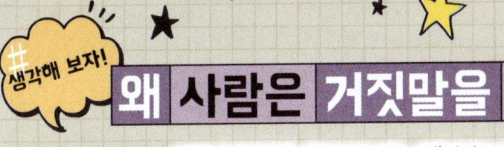
왜 사람은 거짓말을 할까요?

다들 '거짓말은 하면 안 되는 것'이라고 알고 있는데,
왜 거짓말하게 될까요? 우선 거짓말이란 무엇인지 생각해 봐요.

고민 20

나도 모르게 거짓말하게 돼요…

혼나기 싫고 비난받기 싫으니까요.

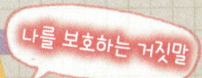
나를 보호하는 거짓말

본인이 나쁜 일을 해서 상대방에게 혼나거나 비난받을 것 같을 때, 그렇게 되지 않게 '나를 지키기 위한' 거짓말을 해요. 가족에게 혼나지 않으려고 이런 사소한 거짓말을 하는 친구들은 많지 않을까요?

엄마: 누가 책상 안 치웠니?

나: 나… 난 아니야. 사나(동생) 아닐까?
※ 거짓말

칭찬받고 싶고 좋아 보이고 싶으니까요.

나를 꾸미는 거짓말

"●●는 대단해!"라든지 "●●는 멋져!" 등, 누구든지 칭찬받거나 인정받으면 기쁘죠. 그러나 그 마음이 너무 강하면 '나를 꾸미기 위해' 거짓말을 하게 돼요.

나: 저번에 언니가 나한테 인형 줬어~.
※ 거짓말(사실은 싸운 상태)

친구: 헤에~ 좋겠다~. 착한 언니가 있어서 부러워~.

상처를 주거나 걱정시키기 싫으니까요.

상대방을 배려하는 거짓말

'진실을 말하면 상대방에게 상처를 줄 거야. 걱정할 거야.' 이런 식으로 상대방을 위해 하게 되는 '상대방을 배려하는 거짓말'도 있어요. 선의의 거짓말이지만 거짓말이라는 걸 들켰을 때는 오히려 상대방에게 더 큰 상처를 줄 수도 있어요.

친구: 방금 남자애들이 내 목소리가 이상하다고 놀렸어…….

나: 아니야~. 나는 네 목소리 좋아해.
※ 반은 거짓말. (실망하고 있는 친구에게 상처 주기 싫어서)

#해 보자! 거짓말을 멈추게 하는 방법

당신이 자주 하는 거짓말의 종류(209쪽)에 따라 방법은 달라요.
당신이 평소 어떤 거짓말을 하고 있는지 생각해 보세요.

최근 2주 동안 하게 된 거짓말을 써 보세요.

▼

어떤 거짓말이 많았는지 체크해 보세요!

- 나를 보호하는 거짓말
- 나를 꾸미는 거짓말
- 상대방을 배려하는 거짓말

'나를 보호하는 거짓말'을 많이 하는 친구들은…

거짓말한 후에 일어나는 일들을 상상해 보세요. 한 번 거짓말을 하면 이야기의 앞뒤를 맞추기 위해 더 많은 거짓말을 하게 돼요. 또한 그 거짓말이 들키지는 않을까 늘 불안해지죠. 이런 상황은 싫지 않나요?

→ '정직한 사람이 되자'고 나 자신과 약속해요!

'나를 꾸미는 거짓말'을 많이 하는 친구들은…

이런 거짓말을 계속한 미래의 나를 상상해 보세요. 거짓말로 나를 꾸미면 그때는 기분이 좋더라도, 나중에는 진짜 나의 모습을 보여 줄 자신이 없어지고 그런 나 자신이 싫어질 수 있어요. 그게 더 괴롭죠.

→ '있는 그대로의 나도 괜찮아.' 라고 늘 생각하세요.

'나를 위해 하는 거짓말'은 습관이 돼요!
거짓말은 상대방에게도 나에게도 상처를 줘요!

'상대방을 배려하는 거짓말'을 많이 하는 친구들은…

착해서 하게 되는 거짓말이지만 그만큼 당신의 마음에 상처가 남아 있다면 주의하세요!
나만 참으면 된다는 생각은 좋지 않아요.

→ '무리하고 있는 것은 아닌지' 생각해 보세요!

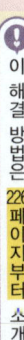

고민 해결 - 친구들의 사랑 얘기에 따라갈 수가 없어요······

나의 이 고민은 심리 치료 센터 선생님께 상담했어.

리얼 설문 조사 - 친구들은 어떻게 생각해?

Q1. 사랑 이야기에 못 따라갈 때가 있나요?

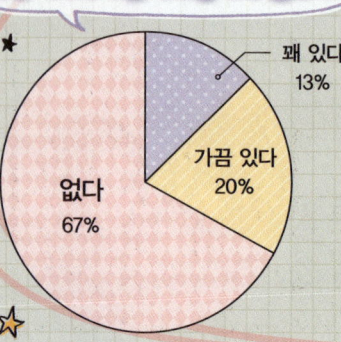

- 없다 67%
- 가끔 있다 20%
- 꽤 있다 13%

Q2. 따라가지 못하는 이유는?

- 남자애를 좋아해 본 적이 없어서 이야기에 따라가지 못해요. (초5)
- 초등학생끼리 사귄다는 건 솔직히 말해서 좀 떨떠름해요. (초5)
- 좋아하는 남학생을 별명으로 부르고 있어서, 잘 모르겠어요. (초6)
- 사랑 이야기를 하면 친구들이 흥분해서 위축돼요. (초6)

소중한 이야기 - '좋아한다'는 것은 어떤 감정?

말로 설명하기는 어렵지만, 이런 마음이 있다면 그것은 '좋아한다'는 감정일 수도 있어요.

- 그 사람을 지금 보고 싶다고 생각한다······.
- 그 사람이 기뻐하는 얼굴을 보고 싶다고 생각한다······.
- 늘 그 사람 생각만 하고 있다.
- 그 사람을 생각하면 가슴이 쿵쿵 뛴다.

좋아하는 사람이 없으면 이상해요?

친구들이 사랑 이야기를 할 때면 '좋아하는 사람이 없으면 이상해?', '나는 아직 어려?'라는 생각이 들지도 모르지만, 사람은 다 달라요.

고민 21 친구들의 사랑 얘기에 따라갈 수가 없어요……

자연스레 생기게 되는 게 '좋아한다'는 감정

'좋아한다'는 마음은 스스로 조절할 수 있는 것이 아니에요. '자, 지금부터 ●●을 좋아할 거야.'라고 머리로 생각했다고 해서 사랑이 시작되지는 않고, 아무것도 하지 않아도 멋대로 생기는 것이 '좋아한다'는 마음이에요. 그러니 좋아하는 사람이 없어도 전혀 이상하지 않아요.

신문을 만들 때 같이 있었는데… 내 그림을 칭찬해 줬어.

어두운 나에게도 말을 많이 해 줬고…

친절하고 좋은 사람이구나… 하고.

'좋아한다'엔 여러 가지 '좋아한다'가 있어요!

이성에게 느끼는 '좋아한다'

이것이 바로 '사랑'의 '좋아한다'예요. 다른 '좋아한다'가 계기가 돼서 '사랑'으로 변하는 일도 있어요.

동경이나 존경의 '좋아한다'

남녀 상관없이 선생님이나 선배, 아이돌 등 나의 목표가 될 만한 사람에 대한 마음이에요.

사람으로서 매력을 느끼는 '좋아한다'

남녀 상관없이 상대방과 친해지고 싶다는 마음. 친구들에게 느끼는 '좋아한다'가 바로 이거예요.

작은 생물이나 가족에 대한 '좋아한다'

갓난아기나 자신보다 작은 아이, 동물을 귀엽다고 생각하거나 가족을 소중히 생각하는 마음.

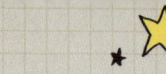

사랑 이야기에 따라가지 못할 때 하는 일

 "그런 이야기는 좀 그러니까 빠질게~." 하고 밝게, 그래도 확실하게 진심을 말하는 것이 가장 좋아요. 사랑 이야기가 아닌 것으로 즐겁게 이야기하면 되지 않을까요? (중3)

 "아~ 그래, 그래." 하면서 그냥 흘려들어요. (중1)

 "헤~ 그렇구나~."라고 하면서 친구들의 사랑 이야기를 듣다가도 "근데 있잖아~." 하고 기분 좋게 재미있는 다른 이야기를 시작해요. (중1)

 그 친구가 누구를 좋아하는지 물어 보거나, '그렇구나~.'라고 속으로 생각하면서 듣고 있어요. 친구를 응원한다고 생각하면 즐겁지 않을까요? (중2)

 "미안, 화장실 다녀올게~." 하면서 그 이야기에서 빠져나와요. 시무룩한 얼굴로 사랑 이야기를 듣고 있는 것보다는 그게 낫다고 생각해요. (중1)

 사랑 이야기에는 처음부터 끼지 않아요. 질문이라도 받으면 귀찮아지니까요. (중2)

 그 친구는 이야기를 들어 주기를 원할 테니까 "그렇구나."라든지 "힘내."라고 하거나 "응, 응." 하고 맞장구를 치면서 듣고 있어요. (중2)

겨울에는 피부가 건조해져요······

고민 해결

요시다의 이 고민은
메이크업 아티스트분께 상담했어요.

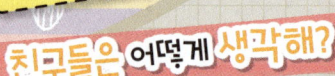
리얼 설문 조사 / 친구들은 어떻게 생각해?

Q1. 겨울철의 건조함 때문에 고민되는 것은?

- 윗입술이 건조해서 피부가 벗겨지는 게 싫어요. (초4)
- 눈가가 건조해서 피곤해 보여요. (초5)
- 얼굴 전체가 까칠까칠해져요. (초6)
- 손이 건조해서 피부가 벗겨지는 것이 고민이에요. (초6)
- 입가가 건조해요. (초5)
- 입술이 심하게 건조해서 껍질이 벗겨지고 피도 나서 보기 싫어요. (초6)
- 코 밑이 꺼칠꺼칠해서 창피해요. (초5)
- 발바닥이 건조해서 피부가 벗겨져요. (초6)
- 몸 전체가 가렵고 하얀 가루 같은 것이 나와요. (초6)

소중한 이야기

왜 겨울에는 피부가 건조해져요?

기온이 낮아지면 공기 중에 존재하는 수분의 양이 줄기 때문에 겨울에는 공기가 건조해요. 게다가 난방 기구를 사용하기 때문에 더욱 공기가 건조해지죠.
수분은 건조한 곳으로 이동하는 성질이 있어서 공기가 건조한 겨울에는 계속해서 피부에서 수분이 빠져나가게 돼요. 그리고 수분이 증발한 피부는 까칠까칠해지는 거예요.

피부에서 수분이 도망가요.

피부를 건조함에서 지키는 케어

피부에서 빠져나간 '윤기'를 다시 피부로 돌려주는 것이 중요해요.
겨울에는 매일 열심히 케어하고 건조함과는 작별 인사를 하도록 해요.

고민 22 — 겨울에는 피부가 건조해져요……

얼굴 전체

샤워 후나 세안 후에는 반드시 '스킨' → '로션' 순으로 바르고 피부에 수분을 가둬요. 없으면 가족에게 빌리세요.

올 바 른 사 용 법

1. 손바닥에 스킨(로션)을 500원(엔)짜리 동전만큼 덜어요.
2. 손바닥과 손가락으로 가볍게 스킨(로션)을 데운 다음 얼굴에 펴 발라요.
3. 두 손으로 얼굴을 감싸 지그시 누르듯 해서 피부에 스킨(로션)을 흡수시켜 주세요.

눈가나 코 옆 부분이 건조하다면

'스킨' → '로션' 사이에, 눈가나 코 옆에 '베이비오일'을 부드럽게 발라 주세요.

입술 부분

샤워 후나 세안 후, 양치질한 후 등 하루에 3~5회 정도 립밤을 발라 주세요. 컬러 립밤보다 약용 립밤을 바르는 것이 더 효과적이에요.

올 바 른 사 용 법

1. 티슈로 입술의 노폐물을 닦아 주세요.
2. 립밤을 세로로 움직여 발라 주세요.

이건 NO! 건조한 입술에 주의해야 할 사항

침을 바르지 마세요!
입술에 자꾸 침을 바르는 버릇이 있다면 주의하세요. 건조함이 심해져요.

껍질을 뜯지 마세요!
껍질을 억지로 뜯으면 피가 나요. 228쪽에 있는 케어를 해 보세요.

자주 바르지 마세요!
너무 자주 바르면 마찰 때문에 오히려 더 건조해지고 말아요.

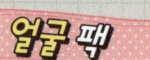 # 건조한 피부 긴급 구조

피부 건조를 예방하기 위해서는 매일 케어하는 것이 기본이지만, 껍질이 심하게 벗겨지거나 피부 건조를 빨리 개선하고 싶을 때는 팩을 해 보세요.

얼굴 팩

준비할 것
· 요구르트(2큰술) · 밀가루(2큰술)
· 꿀(1작은술)

1. 모든 재료를 작은 접시에 담고 숟가락으로 잘 섞는다.
2. 눈 주위를 피해 얼굴 전체에 얇게 펴 바른 후 15분 정도 그대로 기다린다.
3. 티슈나 수건으로 닦아 낸 다음 물로 충분히 씻어 낸다.

세안 후 깨끗한 얼굴에 팩을 하는 것이 포인트! 주 1회가 기준이야.

입술 팩

준비할 것
· 설탕(1작은술) · 꿀(1작은술)

1. 꿀에 설탕을 넣어 잘 섞는다.
2. 약지로 1을 바른 다음 원을 그리듯 부드럽게 마사지!
3. 랩을 씌워 5~10분 정도 둔다.

껍질 벗겨질 때 하면 좋아! 숨이 막히지 않도록 코로 숨을 쉬자.

여중생 선배의 조언 — 겨울에는 이런 것도 해 봐요!

😊 샤워 후에는 전신에 바디 크림을 발라요. (중2)

😊 방이 건조하니까 가습기는 필수예요!
가습기가 없으면 큰 수건을 적셔서 방에 걸어 두는 것만으로도 효과가 있어요. (중3)

😊 잠자기 전과 학교 가기 전에 핸드크림을 발라요.
향도 좋아서 GOOD! (중1)

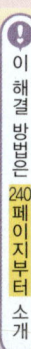

노래하기 전에 할 일 ❗

노래하고 싶은 곡을 많이 듣고 '가사', '리듬', '음정'을 완벽하게 외울 것!

누구든 바로 할 수 있는 노래 잘하는 방법을 소개할게. 우선 이렇게 해 보자!

정면에서 본 얼굴

노래할 때의 자세

좋은 목소리를 내려면 자세가 중요해요. 멀리 보면서 노래하면 목소리를 크게 낼 수 있어요.

탁구공 하나 정도 크기로 벌려요!!

입은 크게 벌려요! 낮은 소리는 세로로, 높은 소리는 옆으로 입을 열면 좋아요.

마이크는 입 앞에 대고 바닥과 평행이 되도록 잡아요.

턱이 올라가지 않도록 하고 턱의 힘을 빼요.

앉아서 노래할 때는 의자에 살짝 앉아 등을 쭉 펴요. 발은 바닥에 닿도록 하는 것이 좋아요.

등은 쭉 펴고 배꼽 밑에 힘을 주는 느낌으로 똑바로 서요. 서서 노래하는 편이 목소리가 잘 나와요.

❗ 이 해결 방법은 243 페이지부터 소개

고민 해결 — 가족들이 무조건 안 된다고 해요

나의 이 고민은 심리 커뮤니케이셔너 선생님께 상담했어.

리얼 설문 조사

친구들은 어떻게 생각해?

Q1. 가족을 짜증 난다고 생각할 때가 있나요?

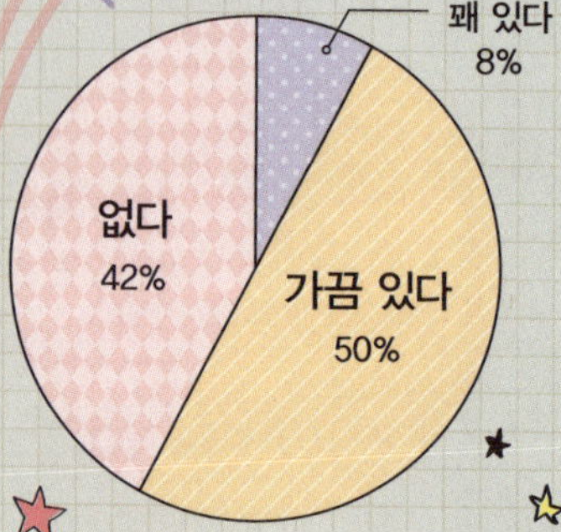

- 꽤 있다 8%
- 없다 42%
- 가끔 있다 50%

Q2. 어떨 때 그래요?

- 나를 소중히 생각해 주고 있다는 것을 아니까 그렇게 생각하지 않아요. (초5)
- 사소한 일로 부모님이 화를 낼 때 싫어져요. (초4)
- 갖고 싶은 것을 사 주지 않을 때. 그리고 하기 싫은 일을 나에게 억지로 시킬 때. (초6)
- 가족이 너무 좋아서, 그런 생각은 안 해요. (초6)

Q3. 가족과 어떨 때 싸우나요?

- 내 마음을 알아주지 않을 때. 나중에 혼자 이불 뒤집어쓰고 울어요. (초6)
- 엄마가 부탁한 일을 안 해 줬을 때 싸워요. (초6)
- 내가 가족 생각은 안 하고 내 생각만 하고 있을 때. (초5)

유아는 가만히 있어! / 짜증... / 언니, 왜?

가족이 당신의 의견에 반대하는 이유

고민 23 — 가족들이 무조건 안 된다고 해요

당신에게 관심이 있기에 반대하는 것!

가족은 당신이 하는 일이나 하고 싶은 일에 대해 자꾸 참견하거나 반대하죠? 그런 가족을 귀찮다고 느낄 수도 있어요. 그러나 그런 참견이야말로 가족의 사랑이에요.

사람에게 있어서 가장 괴로운 것은 '무관심'. 가족이 당신이 하는 일에 관심이 없다면 어떨까요? 당신을 사랑하기 때문에 당신의 모든 일에 관심을 가지고 본인도 모르게 자꾸 참견하게 되는 거예요.

위험에서 지키려고 하는 것이 가족의 마음

당신에게 있어서는 처음인 일도 가족들은 여러 번 경험했거나 지식이 있어요. 그렇기 때문에 여러 가지 일들의 결과를 예상할 수 있겠지요. 그 결과 좋지 않은 일이나 위험한 일이라면 당신이 화를 당하지 않도록 걱정하고 반대하는 거예요. 이 세상에는 여러 가지 위험한 일들이 많다는 것도 사실이고, 그런 위험한 일에서 목숨을 걸더라도 당신을 지키려고 하는 것이 가족이에요.

'사춘기'는 마음이 성장하는 시기

'가족이 귀찮다'고 느끼는 감정은 특별한 것이 아니라 당신의 마음이 성장 또는 변화하고 있다는 증거예요. 그런 시기를 '사춘기'라고 해요. 어릴 때는 항상 가족과 같이 있었는데 지금은 친구나 좋아하는 사람과 같이 노는 것이 즐겁죠. 이것도 마음의 성장 또는 변화의 하나예요.

당신 안에서 한 사람의 인간으로서의 의식이나 생각이 싹트기 시작한 거지요. 몸뿐만 아니라 마음도 어른이 되려고 성장하는 시기인 거예요.

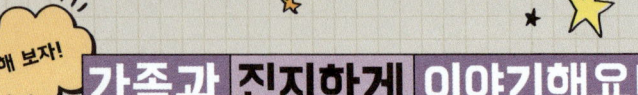

가족과 진지하게 이야기해요!

'가족은 이해해 주지 않아서 싫어!'라고 끝내 버리면 안 돼요.
자신의 의견을 인정받고 싶다면 우선 진지하게 이야기부터 해 봐야 해요.

마음이나 부탁을 구체적으로 말해요

아무리 가족이라도 마음속을 읽을 수는 없으니 말로 표현을 하지 않으면 당신의 마음을 전할 수 없어요. '왜 이해 못 해!?', '나 좀 내버려 둬!' 하고 감정적으로 대하거나 방에서 안 나오거나 하지 말고, 당신의 마음이나 원하는 일을 구체적으로 말해 보세요.

인정받고 싶으면 해야 할 일은 하도록 해요

부모님께 나의 의견을 인정받는다 = '성인으로 취급해 줘.'와 같은 거예요. 그렇다면 '학교에 가기', '필요한 공부를 하기', '집안일을 돕기' 등 우선 자신의 역할을 잘 해야 해요.

똑바로 눈을 보고 말해요!

무언가를 부탁할 때만 "얘기 좀 들어 줘!"라고 화를 내고 가족들이 이것저것 참견하기 시작하면 "시끄러워!" 하고 자기 방에 도망간다……. 이건 좀 말이 안 되죠? 말을 할 때나 말을 들을 때는 똑바로 눈을 보고 진지하게 이야기해야 해요.

> **여중생 선배의 조언** — 부모님께 부탁할 일이 있을 때 하는 일
>
> 말로 하면 싸울까 걱정이라면 편지로 전해요. 내 마음을 솔직하게 쓴다면 오히려 이해해 줄 가능성이 높아요. (중2)
>
> 휴대폰을 쓸 시간을 약속한다든지, 지킬 것을 정해서 부탁해요. (중1)
>
> '왜 그것이 필요한지', '왜 그렇게 생각하는지'를 확실히 전하려고 노력해요. (중2)

고민 해결 노래방에서 노래를 잘 부르고 싶어요 ♪

시즈쿠의 이 고민은 보컬 스쿨 선생님께 상담했어.

리얼 설문 조사 — 친구들은 어떻게 생각해?

Q1 노래방에 간 적이 있나요?
- 없다 8%
- 자주 간다 12%
- 가끔 간다 80%

Q2 당신은 노래를 잘하나요?
- 어느 쪽도 아니다 50%
- 네 41%
- 아니요 9%

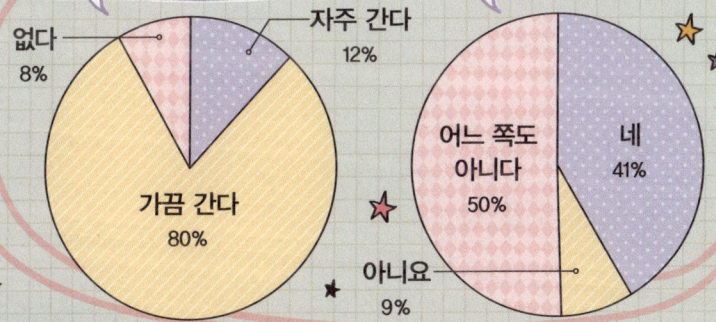

소중한 이야기 — 못한다는 생각을 없앨 것!

TV에 나오는 가수가 아니잖아요. 그러니 우선 잘하려는 것보다 즐겁게 노래한다는 것이 중요해요. 노래를 잘 못해도 열심히 하면 듣고 있는 친구들에게는 전해져요. '난 자신 없어, 창피해~.'라는 마음은 노래에도 나와요. 눈 딱 감고 즐겁게 노래해 보세요. 모두 다 같이 즐거워진다면 OK!

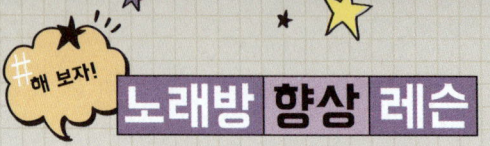

#해 보자! 노래방 향상 레슨

'평소 때부터 소리를 내서 노래'하는 습관이 좋은 목소리를 만들어요.
포인트를 잘 이해하고 반복해서 연습하면 분명 잘할 수 있어요!

1 부를 곡을 완벽하게 외워요

가사 **리듬** **음정** 을 완벽하게!

리듬 잡는 법 ▶▶ 멜로디에 맞춰서 박수를

베이스나 드럼의 소리를 집중해서 듣고 그 소리에 맞춰서 박수를 쳐 봐요. 모르는 노래라면 처음에는 어렵지만 익숙해져요. 몸이 자연스럽게 리듬을 타기 시작하면 OK!

음정 잡는 법 ▶▶ 손가락을 위아래로 & 허밍

노래에 맞춰서 "흥흥흥~." 하고 허밍(콧노래)으로 음정을 잡아요. 그때 높은 소리는 검지를 위로, 낮은 소리는 검지를 내리면 음정의 높고 낮음을 쉽게 알 수 있을 거예요.

미니 테크닉 고음을 내는 방법

고음은 머리 위로 통과하는 느낌으로, 입을 크게 벌리면서 배에서 소리를 내도록 해요.

저음 — 세로로 여는 입
고음 — 입꼬리를 올려서 옆으로 여는 입

2 많이 노래해요!

노래할 곡을 어느 정도 외웠다면 소리를 내면서 노래하는 것이 좋아요. '노래를 듣는다' → '노래한다'를 반복해서 '내가 잘하는 노래'로 만들어요!

음정이 맞는지 친구 앞에서 노래해 봐요.

목욕할 때 노래하면 기분 좋으니까 실력이 빨리 늘어요.

노래를 잘하는 포인트 _장르별_

듣기는 좋은데 노래방에서 직접 노래하면 어려운 노래들.
노래마다 포인트를 잘 습득해서 친구들의 칭찬을 받자♪

고민 24 노래방에서 노래를 잘 부르고 싶어요♪

만화 주제곡	• 캐릭터가 된 기분으로 힘차게 노래해요! • 안무가 있는 곡은 안무도 같이! • 하여튼 힘차게 즐겁게 노래해요!
보컬로이드	• 처음에는 빠르거나 음이 높은 노래는 피하는 것이 좋아요. • 빠른 말 놀이로 빠르고 정확한 발음을 연습해요. • 발이나 손으로 리듬을 타면서 노래해요.
랩	• 맨 먼저 가사를 다 외우는 것이 필수! • 리듬에 맞춰 손을 흔들면서 노래하면 멋져요! • 각 단어의 첫 글자를 확실하게 발음하면 좋아요.

노래방에서는 속도를 조금 느리게 설정해서 연습해 보세요♪

여중생 선배의 조언 — 노래방에서 분위기를 띄우기 위해 하는 일!

- 😃 모두가 알고 있고 모두가 노래할 수 있는 곡을 골라요! (중3)
- 😃 탬버린을 울려요! (중2)
- 😃 다 같이 드링크 바로 가요! (중3)
- 😃 마이크로 서로서로 아재 개그를 말해요! (중1)
- 😃 마라카스를 가지고 텐션 높은 노래를 연속으로 불러요. (중3)

친구들의 리얼 우정 이야기

친구들과 같이 지내는 시간은 정말 즐겁고 행복한 기분이 돼요.
근데… 친구들과 싸우거나 어색해지면 정말 나락으로 떨어진 기분이에요…….
'친구'에 대한 좋은 것 나쁜 것, 모두 이 네 명의 소녀들이 이야기할 거예요!

 안나    린    리코    시즈쿠

린 학교가 즐거운지 아닌지는 '친구'가 많은 영향을 주지. 나는 너희들이 없으면 학교 가는 것도 싫어질 것 같아~. 재미없으니까.

리코 맞아~. 쉬는 시간이나 교실 이동할 때 혼자 있으면 너무 외로울 것 같아~.

시즈쿠 그렇지. 시끌벅적한 교실에서 혼자 있다면 정말 외롭지. 근데 다들 금방 친해지는 건 아니니까 그것도 어려운 문제야…….

안나 에~!? 누구든 금방 친해지는 시즈쿠가 무슨 말을 하는 거야~?

리코 맞아~. 이상해~!

시즈쿠 으…, 응. 난 전학 오기 전에 다녔던 학교에서는 이렇지 않았거든……. 뭐, 그 이야기는 다음에 천천히 하기로 하고. 초등학생 친구들이랑 중학생 선배들에게 질문한 '친구'에 대한 설문 조사를 보면서 다 같이 이야기해 보자!

시즈쿠 우선 '친한 친구'에 대한 질문이야. 거의 대부분의 아이들에게 '친한 친구'라고 할 수 있는 친구가 있는 것 같네.

리코 '친한 친구'란 말이 너무 좋아. 친구가 '리코는 내 친한 친구니까!'라고 한다면 너무 기쁠 것 같아!

안나 나는 네 번째 의견에 동감이야. 사랑 이야기나 친구에 관한 이야기는 가족들한테는 말하기 어렵지. 고민이 있을 때 털어놓을 수 있는 친한 친구가 있다는 건 멋진 일이야. 나도 친한 친구가 고민하고 있을 때는 힘이 돼 주고 싶고.

린 나는 두 번째 의견이 이해가 돼. 나도 수다 떠는 걸 좋아하니까 내 이야기를 잘 들어 주면 기분이 좋고. 서로에 대해 잘 아니까 할 수 있는 일이나 해 줄 수 있는 일이 있는 거지.

시즈쿠 상대방을 얼마나 소중하게 생각하고 있는지가 '그냥 친구'하고 '친한 친구'의 차이일까나.

Q1. 당신과 '친한 친구'에 대해 알려 주세요.

친한 친구가 있나요?

잘 모르겠음 6%
아니요 2%
네 92%

친한 친구가 있어서 다행이라는 생각이 들 때는?

- 시험 점수가 낮았을 때 '내가 더 못했으니까 괜찮아!'라고 격려해 줬어요. (초6)
- 어떤 시시한 이야기도 항상 잘 들어 주고 수다쟁이인 나에 대해 잘 이해해 준다고 느꼈을 때에요. (초4)
- 다른 친구가 뭐라고 하든 늘 나를 믿어 줘요. (초6)
- 가족에게도 말 못 한 고민을 말할 수 있을 때. (초6)
- 집으로 갈 때 재미있게 이야기하거나 불만을 털어놓을 때 이 친구랑 친해진 게 정말 행운이었다고 느껴요. (초6)
- 제게 슬픈 일이 있었을 때 자기 일처럼 같이 울어 줬어요. 정말 기뻤어요. (초5)

Q3. 친구가 많은 사람은 어떤 사람?

- 여자든 남자든 밝고 활기찬 사람인 것 같아요. (중3)
- 시원시원한 성격인 사람. 본인의 의견이나 주관이 뚜렷한 사람. (중2)
- 성격이 소탈하고 리더 같은 존재. 그런데 알고 보니 울보인 데다 수줍음 많은 사람이면 그런 면이 친근해서 인기가 많은 것 같아요. (중3)
- 누구에게나 친절하고 웃어 주는 사람은 친구가 많은 것 같아요. (중1)
- 남의 이야기를 잘 들어 주는 사람은 인기가 많아요. (중2)

Q2. 당신은 어떤 친구를 좋아하나요?

- 항상 웃고 있고 내 이야기도 잘 들어 주는 친구. (초6)
- 무슨 일이 있으면 도와주고, 재미있는 친구. (초6)
- 나도 모르게 자주 싸우게 되는 친구. 캐릭터가 개성적인 친구. (초6)
- 취미가 맞는 친구. 이야기를 들어 주는 친구. 싸웠을 때 먼저 "미안해." 하고 순순히 제대로 사과해 주는 친구. (초6)
- 만화 이야기로 잘 맞는 친구. (초6)
- 뭐든 서로 이해할 수 있는 친구. (초6)

시즈쿠 다음은 초등학생 친구들과 중학생 선배님들에게 '모두가 좋아하는 사람'이라는 주제로 설문 조사를 했어.

리코 초등학생이든 중학생이든 '모두가 좋아하는 사람'은 큰 차이가 없는 것 같아. 이런 친구가 주변에 있으면 나라도 호감이 갈 테니까.

린 'Q2. 당신은 어떤 친구를 좋아하나요?'의 세 번째는 재미있네! '나도 모르게 자주 싸우게 되는 친구'라니.

안나 '싸울수록 사이가 좋다'고 하지만 그런 건가? 관심이 없는 친구와는 싸우는 일이 없을 테니까. 싸운다는 것보다 장난으로 말다툼하는 정도겠지?

리코 '누구에게나 친절하고 웃는 얼굴로 대하는 사람'은 나도 동경해. 어렵지만 그렇게 되고 싶다고 생각하지. 마음이 안 맞는 친구랑은 아무래도 거리를 두게 되고…….

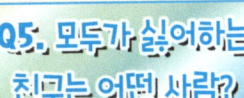

Q5. 모두가 싫어하는 친구는 어떤 사람?

- 귀여운 척하면서 '나는 순수해'라고 강하게 어필하는 친구. (중1)
- 스스로를 칭찬하거나 자신을 '나', '내'가 아닌 자기 이름으로 말하고 늘 자랑하고 다니는 친구. (중1)
- 말이 없고 어두운 친구? (중1)
- 친구 험담을 하는 친구. 자기밖에 모르는 친구. (중2)
- 성격이 나쁜 친구. (중1)
- 욕을 많이 하고 바쁜데 눈치 없이 말을 거는 친구. (중2)

Q4. 당신은 어떤 친구가 어렵나요?

- 상대방에 따라 태도가 달라지는 친구. 귀여운 척하는 친구. (초4)
- 본인한테는 무르면서 남의 실수엔 엄하거나 험담을 하는 친구. (초5)
- 뒤에서 험담하는 친구. 무슨 일이든 의심부터 하는 친구. (초6)
- 본인의 사정에 따라 다른 사람에게 일을 시키는 친구. 자기중심적. (초6)
- 남의 험담을 하는 친구. 뒤에서 내 험담도 할 것 같아 무서워요…. (초6)
- 친절하게 굴면서 거짓말하는 친구. 자기 자랑만 하는 친구. (초6)

시즈쿠 아까와 반대로 초등학생 친구들과 중학생 선배님들에게 '모두가 싫어하는 친구'라는 주제로 물어봤어.

린 이 질문도 초등학생과 중학생의 응답에 큰 차이는 없는 것 같아. 자기만 생각하고 다른 친구들의 마음을 생각하지 못하는 친구는 모두 싫어하지.

시즈쿠 나도 내가 모르는 사이에 친구들을 기분 나쁘게 하고 있지는 않은지 조심해야겠어…….

리코 본인에 대해서는 본인이 제일 몰라. 친구들이 싫어하는 일들을 했는데도 본인만 모르는 경우가 많지……. 헉! 설마 나도……. 혹시 내가 기분 나쁜 일을 하면 꼭 알려 줘!

린 알았어. 그런 일이 있으면 꼭 말할게. 친구끼리 서로 주의해 주는 건 좋은 일이지!

시즈쿠 다음은 '친구들 사이에서의 고민'에 대한 질문. 다들 친구들과의 사이로 느끼는 고민이 있어?

린 없다고 하면 거짓말이겠지!? 같은 그룹인데 뒤에서 험담하거나 분열되거나 하면 '여자들은 복잡해'라고 느껴.

리코 나는 네 번째 의견 이해돼. 그룹 안에 험담이나 남의 소문에 대해 말하기를 좋아하는 친구가 있으면 그런 이야기만 하게 돼. 난 싫지만 분위기를 깨기 싫어서 말 못 해.

안나 그 마음 이해해. 내 의견을 분명히 말했는데 나중에 다른 친구들이 뒤에서 내 험담을 한다고 생각하면 선뜻 말 못 해. 사실은 그러면 안 되는데……

시즈쿠 험담 말고도 재미있는 이야기는 많이 있을 텐데. 우리는 험담 금지야. 알았지!?

Q6. 친구들 사이에서 고민되는 일?

▶ 다른 반에는 친구가 많은데 새로운 반에서는 친구가 없어서 우울해요. 매일 재미없어요. (초4)

▶ 항상 같이 있는 친구도 나를 친한 친구라고 생각하고 있는지 알 수가 없어서 고민할 때가 있어요. (초5)

▶ 친한 친구끼리 그룹을 만들거나 친구랑 있는 것이 귀찮아요. (초6)

▶ 친구가 다른 사람의 험담을 할 때 속으로는 싫어하면서도 친구에게는 말을 못 해요. 근데 나도 같이 험담하는 사람으로 보일까 봐 그것도 싫어요. (초6)

▶ 같이 놀기는 하는데 재미없고 안 맞는 친구가 있어요. 그래도 싫다고 못 하니까 참고 있어요. (초6)

시즈쿠 다음은 Q6의 질문에 대해 중학생 선배님께 자세히 물어봤어. '그룹 내에서 조심하고 있는 것', '친구가 내 험담을 하고 있다면?', '친구들의 미움을 받지 않게 신경 쓰고 있는 일'.

리코 중학생이 되면 선배님들처럼 강해질까? '내 생각을 상대방에게 분명히 전달'하는 게 중요하다는 것은 알겠는데…….

린 그런데 친구들에 관한 고민을 나만 하는 게 아니었다는 게 조금 안심이 돼. 모두 조금씩 고민이 있고 그걸 해결하려고 노력하고 있다는 것을 알았어.

시즈쿠 사람은 각자 생각이나 느끼는 것이 다르니까 때로는 어긋날 수도 있지. 다른 사람을 배려하는 마음은 소중히 하면서도 너무 심각하게 고민에 빠질 필요는 없을 것 같아.

Q8. 친구가 내 험담을 한다는 것을 알게 된다면?

- 친구를 여자 화장실에 불러서 직접 이야기해요. (중2)
- 선생님이나 친구에게 말해요. (중1)
- "하지 마." 하고 분명히 말해요. (중1)
- 모르는 척하고 평상시처럼 행동해요. (중2)
- 신경 안 써요. 안 맞는 사람, 날 싫어하는 사람은 있을 테고 반대로 나를 좋아해 주는 사람과 마음이 맞는 사람도 있으니까. (중1)
- 그 친구하곤 말 안 해요. (중1)

Q7. 그룹 내에서 조심하고 있는 것은?

- 무슨 말이든 할 수 있는 사이가 될 수 없다면 같이 안 다녀요. (중3)
- 안 되는 일은 안 된다고 분명히 말해요. 싫다는 말도 하고. (중1)
- 자기 이야기만 하면 안 돼요. (중2)
- 험담 금지. 활기차게 말해요. (중1)
- 내가 관심이 없는 이야기라도 친구들에게 맞추려고 해요. (중1)
- 나도 모르게 상대방에게 상처 주는 말을 하지 않도록 조심해요. 딱 한 마디라도 큰일이 나니까요. (중3)

Q9. 친구들이 싫어하지 않게 조심하고 있는 일은?

- '이런 말을 하면 기분이 안 좋을까?'라고 늘 생각하고 있어요. (중1)
- 내 자랑은 안 해요. 상대방의 생각을 존중하려고 해요. (중1)
- 단점을 지적하지 않아요. (중1)
- 친구 험담을 절대로 안 하도록. 그리고 늘 웃는 얼굴로 대화하도록. (중2)
- '친구를 기분 나쁘게 하면 안 돼…….'라고 너무 생각하지 않도록 하고 있어요. 생각하기 시작하면 끝이 없고 상대방하고도 친해지지 못할 것 같아요. (중3)

Q10. 초등학생 때 친구들과 있었던 좋은 추억이란?

- 밸런타인데이 날, 친구와 함께 좋아하는 남자애에게 초콜릿을 주러 집까지 찾아갔던 일. (중1)

- 친구랑 계속 교환 일기를 쓰고 있었어요. 매일 같이 놀거나 사랑 이야기를 했어요. (중2)

- 제가 제멋대로 행동하는 바람에 친구랑 크게 싸운 적이 있어요. 그때 좋아하는 사람이 도와줘서 용기를 내서 사과했더니 잘 화해할 수 있었어요. (중1)

- 발표회 때 친구랑 같이 기타와 노래를 선보였어요. (중3)

- 친구들이랑 다 같이 스티커 사진을 찍으러 갔던 일. (중1)

- 나는 오랫동안 집단 따돌림을 당했는데 단 한 사람만 내 곁을 지켜 줬어요. 그 친구가 지금도 가장 친한 친구예요. 나를 도와주는 친구, 격려해 주는 친구가 있었다는 것이 아주 좋은 추억이에요. (중1)

- 제가 큰 실수를 했을 때 "괜찮아!"라고 친구들이 격려해 줘서 너무 기뻤어요. (중1)

- 어떤 친구랑 싸웠는데 다른 친구 둘이서 화해시키려고 열심히 노력해 줬어요. (중1)

시즈쿠 '친구'에 대한 마지막 질문은 '초등학생 때 친구들과 있었던 좋은 추억'에 대해 여중생 선배님께 물어봤어.

안나 모두 멋진 추억들이네. 이것이 바로 '청춘'?

린 평범한 일상도 시간이 지나면 빛나는 추억이 되는구나.

시즈쿠 여섯 번째 의견을 읽고 감동받았어. 그 당시는 정말 괴로웠을 텐데 그 덕분에 평생 친구를 찾았으니 멋져.

리코 싸우거나 엇갈리는 일도 있지만 역시 '친구'는 최고야!

린 응. 우리도 같이 좋은 추억 많이 만들자!

시즈쿠 초등학생 때의 추억은 지금밖에 만들 수 없는 일. 멋진 친구들과 멋진 추억을 많이 만들 수 있으면 좋겠어!

역자 호리에 마사코

후쿠오카현 소재 코오란대학을 졸업한 후, 한국 남성과 결혼해서 28년째 한국에 살고 있다. 1999년부터 번역을 시작했고, 2008년부터는 일본어 강사로도 활동했다. 현재도 활발하게 번역 활동을 하고 있다. 번역한 책으로는 『반짝! 반짝! 머리가 좋아지는 다른 그림 찾기 디럭스』, 『UMA & 괴짜 생물 미로 찾기 187가지』, 『예쁘게 변신하기 메이크업 & 네일 대백과』(코믹컴)가 있다.

- **만화** 호나미 아야
- **만화 제작 협력** 곤노 유메노스케, 타카시 모리에, 치바 아이코, 야마베 사야카
- **일러스트** 츠노쥬, 구라타 리네, 유메미 수차, 아메 우사코, 가나스케, 세키야 유리에
- **취재협력·자료제공** 마쓰시타 료코(심리커뮤니케이셔너), 이시하라 니이나(이시하라클리닉 부원장),
  유니참주식회사 '처음 신체 내비', 미타 쇼헤이(스포츠매직 대표이사),
  주식회사 와코루 '걸즈 바디 내비', 시라이시 켄지(파워풀보이스보컬스쿨 대표),
  AKI(네일리스트) Basic, 2nd 칸나이점, 나가쿠보 요시에(헤어스타일리스트),
  아라이 리사(정리 수납 어드바이저), 모리타 아야나(스타일리스트),
  오타 준코(헤어 메이크업)
- **디자인** 무네야스 마사코, 가키자와 마리코, 사사키 레이나
- **DTP** J-9
- **편집협력·만화원작** 08CREATION

코믹컴

사춘기 소녀 멘토링 (상큼발랄블링걸스 16)

편저 미러클 걸즈 위원회
역자 호리에 마사코
찍은날 2020년 7월 22일 초판 1쇄
펴낸날 2020년 7월 30일 초판 1쇄
펴낸이 홍재철
편집 이호경
디자인 박성영·조규식
마케팅 황기철·안소영
펴낸곳 루덴스미디어(주)
주소 경기도 고양시 일산동구 무궁화로 43-55, 604호(장항동, 성우사카르타워)
홈페이지 http://www.ludensmedia.co.kr
전화 031)912-4292 | **팩스** 031)912-4294
등록 번호 제 396-3210000251002008000001호
등록 일자 2008년 1월 2일

ISBN 979-11-88406-89-0 74030
ISBN 978-89-94110-93-6 (세트)

결함이 있는 책은 구입하신 곳에서 바꾸어 드립니다.
값은 뒤표지에 있습니다.

이 도서의 국립중앙도서관 출판시도서목록(CIP)은 e-CIP홈페이지
(http://www.nl.go.kr/ecip)에서 이용하실 수 있습니다. (CIP제어번호 : CIP2020029739)

Original Japanese title : MIRACLE GIRL SOUDANSHITSU ONNANOKO NO TORISETSU
Copyright © 2018 by Miracle Girls Iinkai
Original Japanese edition published by Seito-sha Co., Ltd.
Korean translation rights arranged with Seito-sha Co., Ltd.
through The English Agency (Japan) Ltd. and Eric Yang Agency, Inc